기초를 **단단**히 다지는

단단 일본어

소명선, 김대양, 박진향, 손영석, 최희숙,
이토 에미(伊藤江美), 마쓰자키 미에코(松崎美惠子) 저

입문

2

🎓 시사일본어사

외국어를 학습한다는 것은 단순한 언어 습득이 아닌, 이질적인 문화를 이해하고 수용하는 과정이기도 합니다. 언어에는 사용자 고유의 사고 방식과 문화가 내포되어 있습니다. 일본어의 경우, 동일한 한자 문화권이라는 점 외에도 한국어와 유사한 부분이 많습니다. 그러나 한국과 일본의 문화는 동일하지 않습니다. 처음으로 일본어를 공부하는 사람은 언어의 기능적인 면의 습득뿐 아니라 미지의 세계의 문화를 일본어를 통해 알아가는 과정이 될 것입니다.

　이 책의 집필진은 수년간 대학 현장에서 일본어 교육에 종사해 온 교육 경험자들로 구성되었습니다. 교육 과정에서 기존의 교재에서 발견되는 문제점을 분석하고, 가장 효과적이고 간결한 교육이 가능하면서 동시에 학습의 즐거움과 성취감을 줄 수 있는 교재의 필요성을 절감한 결과, 교재 편찬 작업에 착수하기에 이르렀습니다. 따라서 집필진이 가장 심혈을 기울인 점은 군더더기 없이 심플하게, 그러나 핵심 사항을 빠짐없이 효과적으로 전수하는 것과 일본어 학습이 어렵고 복잡한 것이 아니라 흥미진진한 것으로 받아들이도록 하게끔 하는 것이었습니다.

　이 책은 1, 2단계로 이루어진 일본어 입문서로, 일련의 과정을 통해 기초적이면서도 핵심적인 문법 사항과 일본어능력시험(JLPT) N3~N4 수준의 어휘를 습득하여 기본적인 일상 회화가 가능하도록 하는 것을 목표로 하였습니다. 그러나 주요한 문법 사항과 문형 등에 대한 상세한 설명과 학습 과정의 팁을 교수자가 학습자에게 교수하는 체제를 염두에 두고 만든 교재이기 때문에 독학을 계획한 학습자에게는 다소 어렵게 느껴질 수도 있습니다.

　이 책을 통해 일정 기간 교수자와 함께 핵심적인 요소를 즐겁게 학습함으로써 일본을 이해하고 또 그 과정 속에서 단단(점차) 일본어 실력이 향상되어 감을 체감할 수 있기를 바라는 바입니다.

저자 일동

이 책은 초급 학습자를 위한 강의용 교재로, 기본적인 구성은 핵심적인 문법 사항을 담고 있는 〈회화〉, 〈문형 익히기〉, 〈연습하기〉와 그림으로 어휘를 익히는 〈그림 사전〉, 일본 사회 및 문화를 이해하는 데 도움이 되는 〈문화 엿보기〉의 내용으로 이루어져 있습니다. 단순한 구성이지만, 각 단원별 학습을 통해 말하기·듣기·읽기·쓰기 능력을 고루 배양할 수 있도록 한다는 점에 중점을 두었습니다.

전체 2권으로 구성되어 있고, 한 과에서 학습한 내용이 다음 과에서 충분한 복습이 되도록 예시 문장을 고안했으며, 과를 거듭할수록 표현 방식이 연계되어 발전적으로 확장해 가도록 했습니다.

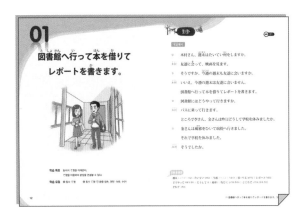

회 화

각 과에서 학습할 핵심 요소를 자연스러운 회화 문장 속에 담아 제시된 상황과 함께 핵심 사항을 효과적으로 기억할 수 있도록 했습니다.

단어 및 표현

회화에 나오는 주요 어휘들을 하단의 단어 및 표현 에서 미리 체크할 수 있습니다.

들어가기

과별로 학습하게 될 내용을 숙지할 수 있도록 학습 목표와 학습 요점을 제시 했습니다.

문형 익히기

문법 포인트를 간결하면서도 효과적으로 전달하기 위해 다양한 예문을 제시했습니다. 학습자가 오용하기 쉬운 문법 사항을 주의! 로 환기시키고 레벨을 향상시키기 위한 포인트를 제공했습니다.

연습하기

학습한 문형을 보다 자유롭게 구사할 수 있도록 확장된 어휘를 사용하여 문제를 제시했습니다. 다양한 형태의 문제를 통해 심화 훈련을 할 수 있습니다.

그림 사전

일본어에 대한 흥미를 높이도록 각 과에서 학습한 내용과 관련된 어휘를 정리했습니다. 한눈에 들어오는 그림을 통하여 어려운 단어도 쉽게 익힐 수 있습니다.

문화 엿보기

각 과마다 일본의 독특한 문화를 소개함으로써 일본어 학습의 즐거움과 재미 요소를 더했습니다.

문법 정리

단계별로 학습한 문법 사항 중, 핵심이 되는 내용을 권말에 간결하게 정리했습니다.

MP3 파일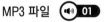

시사일본어사 홈페이지(www.sisabooks.com)에서 '단단 일본어 입문'을 검색하면 MP3 음성 파일을 다운 받을 수 있습니다.

학습
구성표

목 차

오십음도(五十音図)

히라가나 ひらがな

	わ행	ら행	や행	ま행	は행	な행	た행	さ행	か행	あ행	
ん N	わ wa	ら ra	や ya	ま ma	は ha	な na	た ta	さ sa	か ka	あ a	あ단
		り ri		み mi	ひ hi	に ni	ち chi	し shi	き ki	い i	い단
		る ru	ゆ yu	む mu	ふ fu	ぬ nu	つ tsu	す su	く ku	う u	う단
		れ re		め me	へ he	ね ne	て te	せ se	け ke	え e	え단
	を wo	ろ ro	よ yo	も mo	ほ ho	の no	と to	そ so	こ ko	お o	お단

가타카나 カタカナ

	ワ행	ラ행	ヤ행	マ행	ハ행	ナ행	タ행	サ행	カ행	ア행	
ン N	ワ wa	ラ ra	ヤ ya	マ ma	ハ ha	ナ na	タ ta	サ sa	カ ka	ア a	ア단
		リ ri		ミ mi	ヒ hi	ニ ni	チ chi	シ shi	キ ki	イ i	イ단
		ル ru	ユ yu	ム mu	フ fu	ヌ nu	ツ tsu	ス su	ク ku	ウ u	ウ단
		レ re		メ me	ヘ he	ネ ne	テ te	セ se	ケ ke	エ e	エ단
	ヲ wo	ロ ro	ヨ yo	モ mo	ホ ho	ノ no	ト to	ソ so	コ ko	オ o	オ단

金^{キム}ジホ 김지호

- 한국인 남성, 유학생

李^イボラ 이보라

- 한국인 여성, 유학생

木村進 기무라 스스무

- 일본인 남성, 대학생

田中絵里 다나카 에리

- 일본인 여성, 대학생

01

<ruby>図<rt>と</rt>書<rt>しょ</rt>館<rt>かん</rt></ruby>へ<ruby>行<rt>い</rt></ruby>って<ruby>本<rt>ほん</rt></ruby>を<ruby>借<rt>か</rt></ruby>りて
レポートを<ruby>書<rt>か</rt></ruby>きます。

학습 목표   동사 て형을 이해한다.

　　　　　　 て형을 이용하여 문장을 연결할 수 있다.

학습 요점   ❶ 동사 て형　　　❷ 동사 て형 て(병렬 접속, 원인·이유, 수단)

회화

01

학교에서

イ李　木村さん、週末はたいてい何をしますか。

木村　友達に会って、映画を見ます。

イ李　そうですか。今週の週末も友達に会いますか。

木村　いいえ、今週の週末は友達に会いません。

　　　図書館へ行って本を借りてレポートを書きます。

イ李　図書館にはどうやって行きますか。

木村　バスに乗って行きます。

　　　ところで李さん、金さんは昨日どうして学校を休みましたか。

イ李　金さんは風邪をひいて病院へ行きました。

　　　それで学校を休みました。

木村　そうでしたか。

단어 및 표현

週末 しゅうまつ 주말 | たいてい 대체로 | 今週 こんしゅう 이번 주 | 借かりる 빌리다 | レポート 리포트
どうやって 어떻게 해서 | どうして 왜 | 風邪かぜをひく 감기에 걸리다 | ところで 그런데 [화제 전환]
それで 그래서

1 동사 て형

동사 종류	기본형	て형 만드는 법	
1그룹	書^かく	く → いて	書^かいて
	泳^{およ}ぐ	ぐ → いで	泳^{およ}いで
	주의! 行^いく → 行^いって		
	買^かう	う	買^かって
	待^まつ	つ → って	待^まって
	帰^{かえ}る	る	帰^{かえ}って
	死^しぬ	ぬ	死^しんで
	遊^{あそ}ぶ	ぶ → んで	遊^{あそ}んで
	飲^のむ	む	飲^のんで
	話^{はな}す	す → して	話^{はな}して
2그룹	食^たべる		食^たべて
	寝^ねる	る탈락 + て	寝^ねて
	起^おきる		起^おきて
	見^みる		見^みて
3그룹	する		して
	来^くる		来^きて

2 동사 て형 て ~고, ~아/어서

1) 병렬

- 朝、起きて顔を洗います。
- 図書館へ行って本を借ります。
- 昨日は友達に会って、昼ご飯を食べて、コーヒーを飲みました。

2) 원인・이유

- 電車の中に財布を忘れて困りました。
- そのニュースを聞いてびっくりしました。
- 金さんは風邪をひいてアルバイトを休みました。

3) 수단

- 地下鉄に乗って会社へ行きます。
- 今日は学校から家まで歩いて帰りました。
- 私は日本の映画を見て単語を覚えました。

단어 및 표현

顔 かお 얼굴 ｜ 洗 あらう 씻다 ｜ 昼 ひるご飯 はん 점심 ｜ 電車 でんしゃ 전철 ｜ 財布 さいふ 지갑

忘 わすれる 잊다 ｜ 困 こまる 곤란하다 ｜ ニュース 뉴스 ｜ びっくりする 놀라다 ｜ アルバイト 아르바이트

地下鉄 ちかてつ 지하철 ｜ 映画 えいが 영화 ｜ 単語 たんご 단어 ｜ 覚 おぼえる 기억하다

Ⅰ. 보기와 같이 표를 완성하세요.

기본형	그룹	～て
보기 会^あう 만나다	1	会^あって 만나고, 만나서
借^かりる 빌리다		
行^いく 가다		
読^よむ 읽다		
忘^{わす}れる 잊다		
帰^{かえ}る 돌아가(오)다		
寝^ねる 자다		
洗^{あら}う 씻다		
する 하다		
持^もつ 들다, 가지다		
取^とる 잡다		
遊^{あそ}ぶ 놀다		
死^しぬ 죽다		
来^くる 오다		

出_だす 내다

泳_{およ}ぐ 헤엄치다

入_{はい}る 들어가(오)다

ある 있다

いる 있다

飲_のむ 마시다

待_まつ 기다리다

話_{はな}す 이야기하다

書_かく 쓰다

知_しる 알다

食_たべる 먹다

Ⅱ. 보기와 같이 연습해 보세요.

> 보기　7時<small>じ</small>に起<small>お</small>きる / 顔<small>かお</small>を洗<small>あら</small>う / ご飯<small>はん</small>を食<small>た</small>べる
> → 7時に起きて、顔を洗って、ご飯を食べます。

① コンビニに行<small>い</small>く / おにぎりを買<small>か</small>う / 食<small>た</small>べる

→ _____

② シャワーを浴<small>あ</small>びる / コーヒーを飲<small>の</small>む / 会社<small>かいしゃ</small>へ行<small>い</small>く

→ _____

③ 家<small>いえ</small>へ帰<small>かえ</small>る / 晩<small>ばん</small>ご飯<small>はん</small>を食<small>た</small>べる / テレビを見<small>み</small>る

→ _____

④ 先生<small>せんせい</small>に会<small>あ</small>う / 相談<small>そうだん</small>する / 帰<small>かえ</small>る

→ _____

Ⅲ. 보기와 같이 연습해 보세요.

> 보기　歩<small>ある</small>く → いつも歩<small>ある</small>いて家<small>かえ</small>へ帰<small>かえ</small>ります。

① バスに乗<small>の</small>る → 会社まで_____行きます。

② 運動<small>うんどう</small>する → _____体力<small>たいりょく</small>をつけます。

③ 走<small>はし</small>る → バス停<small>てい</small>から_____来<small>き</small>ました。

④ 使<small>つか</small>う → 箸<small>はし</small>を_____ご飯を食べます。

단어 및 표현

おにぎり 주먹밥 ｜ シャワーを浴<small>あ</small>びる 샤워를 하다 ｜ 晩<small>ばん</small>ご飯<small>はん</small> 저녁밥 ｜ 相談<small>そうだん</small>する 상담하다
体力<small>たいりょく</small>をつける 체력을 기르다 ｜ バス停<small>てい</small> 버스정류장 ｜ 箸 はし 젓가락

Ⅳ. 보기와 같이 연습해 보세요.

| 보기 | 風邪をひく | ➡ | 風邪をひいて学校を休みました。 |

① ある ➡ 会議が＿＿＿＿＿＿＿＿＿少し早く会社へ行きました。

② 話す ➡ 昨日は3時間も＿＿＿＿＿＿＿＿＿のどが痛かったです。

③ 読む ➡ 手紙を＿＿＿＿＿＿＿＿＿安心しました。

④ 来る ➡ 急に友達が＿＿＿＿＿＿＿＿＿びっくりしました。

단어 및 표현

～も ~이나 [강조] ｜ のど 목 ｜ 安心あんしんする 안심하다 ｜ 急きゅうに 갑자기

乗_のり物_{もの} 교통 수단

じてんしゃ
自転車
자전거

じどうしゃ
自動車
자동차

れっしゃ
列車
열차

ひこうき
飛行機
비행기

ふね
船
배

オートバイ
오토바이

モノレール
모노레일

ロープウェー
로프웨이(케이블카)

ヘリコプター
헬리콥터

自転車文化
자전거 문화

　일본에서는 자전거를 타고 다니는 사람들을 자주 볼 수 있다. 자전거로 출퇴근하는 회사원, 등하교하는 학생, 장을 보거나 어린 자녀를 태우고 다니는 주부 등 그 모습도 다양하다. 이렇게 많은 사람들이 자전거를 이용하다 보니 전철역 주변에는 유료 자전거 주차장이 마련되어 있다. 집에서 전철역까지 자전거를 타고 가서 주차한 뒤에 전철로 갈아타고 목적지로 이동한다.

　그리고 일본에서 자전거를 이용하려면 반드시 등록을 해야 한다. 자전거 방범등록소에 가서 개인 정보를 적고 수수료를 내면 자동차 번호판처럼 번호가 적힌 스티커를 준다. 이 스티커가 도난의 우려에서 자전거를 지켜주는 큰 역할을 한다.

▲ 자전거 방범등록카드

◀ 자전거 주차장

02

<ruby>山<rt>やま</rt></ruby><ruby>登<rt>のぼ</rt></ruby>りの<ruby>準<rt>じゅん</rt></ruby><ruby>備<rt>び</rt></ruby>を
しています。

학습 목표　진행, 상태, 습관 표현을 할 수 있다.

학습 요점　❶ 동사 て형 ている

🔊 04

전화 통화

金[キム]	もしもし、木村さん、金です。
木村[きむら]	あ、金さん。こんにちは。
金[キム]	今、何をしていますか。
木村[きむら]	明日の山登[やまのぼ]りの準備[じゅんび]をしています。
金[キム]	へえ、山登りですか。よく山に登りますか。
木村[きむら]	月[つき]に1回[いっかい]は登っています。
金[キム]	そうですか。すごいですね。
木村[きむら]	いや、そんなことありません。
	明日、金さんも一緒[いっしょ]に登りませんか。
	今頃[いまごろ]は花[はな]がたくさん咲[さ]いていて、とてもきれいですよ。
金[キム]	一緒に登ってみたいですね。往復[おうふく]、どれぐらいかかりますか。
木村[きむら]	往復ですか。4、5時間ぐらいかかります。
金[キム]	ええ、そんなに。大変[たいへん]。それは無理[むり]ですね。
	木村さん、また今度[こんど]誘[さそ]ってくださいね。それでは。
木村[きむら]	えっ、もしもし、金さん、金さん。

단어 및 표현

山登[やまのぼ]り 등산 ｜ 準備[じゅんび]する 준비하다 ｜ 月[つき]に 한 달에 ｜ 1回[いっかい] 한 번 ｜ そんな 그런
一緒[いっしょ]に 함께 ｜ 今頃[いまごろ] 요즘 ｜ 花[はな] 꽃 ｜ 咲[さ]く 피다 ｜ ～よ ~요[주장] ｜ 往復[おうふく] 왕복
かかる 걸리다 ｜ そんなに 그렇게 ｜ 無理[むり] 무리 ｜ 今度[こんど] 다음 ｜ 誘[さそ]う 권하다

1 동사 て형 て いる ~고 있다, ~아/어 있다

1) 진행

- ご飯を食べています。
- 田中さんはプールで泳いでいます。
- スミスさんは今図書館で勉強しています。

2) 상태

- 窓が開いています。
- まだ桜は咲いていません。
- 金さんは座っていますが、朴さんは立っています。
- めがねをかけている人が父です。

> 주의! 다음의 동사는「～ている」의 형태로 씁니다.
> (예 住む, 結婚する, 似る, 知る 등)
>
> 子供の時からソウルに住んでいます。
> 姉はもう結婚しています。
> 弟は母に似ています。
> A: 先生の電話番号を知っていますか。
> B: はい、知っています。
>   いいえ、知りません。

단어 및 표현

プール 수영장 | 泳およぐ 헤엄치다 | 窓まど 창문 | 開あく 열리다 | 桜さくら 벚꽃 | 座すわる 앉다 | 立たつ 서다
めがねをかける 안경을 쓰다 | ソウル 서울 | 住すむ 살다 | 結婚けっこんする 결혼하다 | ～に似にる ~을/를 닮다
知しる 알다

3) 習慣

+ 私は毎晩ヨガをしています。

+ スミスさんはコンビニで働いています。

+ アメリカには年に3回行っています。

단어 및 표현

毎晩 まいばん 매일 밤 | **ヨガ** 요가 | **コンビニ** 편의점 | **働** はたらく 일하다 | **年** ねんに 1년에

연습하기

Ⅰ. 보기와 같이 연습해 보세요.

보기	メールを書く	→	今、何をしていますか。 メールを書いています。

① 本を読む　　　　　→ _____

② 料理を作る　　　　→ _____

③ テレビを見る　　　→ _____

④ 会社で仕事をする　→ _____

Ⅱ. 보기와 같이 연습해 보세요.

보기	窓が開く	→	窓が開いています。

① 電気がつく　　　　　　　　　→ _____

② 花が咲く　　　　　　　　　　→ _____

③ 帽子をかぶる　　　　　　　　→ _____

④ 彼女は赤いセーターを着る　　→ _____

단어 및 표현

メール 메일 | 書かく 쓰다 | 料理りょうり 요리 | 作つくる 만들다 | 電気でんきがつく 불이 켜지다
帽子ぼうし 모자 | かぶる 쓰다 | セーター 스웨터 | 着きる 입다

Ⅲ. 보기와 같이 연습해 보세요.

| 보기 | お<ruby>母<rt>かあ</rt></ruby>さんに<ruby>似<rt>に</rt></ruby>る | A: お<ruby>母<rt>かあ</rt></ruby>さんに似ていますか。
B: はい、<ruby>母<rt>はは</rt></ruby>に似ています。 |

① <ruby>釜山<rt>プ サン</rt></ruby>に<ruby>住<rt>す</rt></ruby>む   A: _____

                    B: はい、_____

② <ruby>結婚<rt></rt></ruby>する   A: _____

                    B: はい、_____

③ ワンさんを<ruby>知<rt></rt></ruby>る   A: _____

                    B: いいえ、_____

④ お<ruby>兄<rt>にい</rt></ruby>さんと<ruby>似<rt></rt></ruby>る   A: _____

                    B: いいえ、_____

Ⅳ. 아래 문장을 일본어로 쓰세요.

① 일주일에 한 번은 영화를 봅니다. (습관)

→ _____

② 친구와 이야기하고 있는 사람은 누구입니까?

→ _____

③ 문은 열려 있지만 불은 켜져 있지 않습니다.

→ _____

단어 및 표현

お<ruby>母<rt>かあ</rt></ruby>さん 어머니 | <ruby>釜山<rt></rt></ruby> プサン 부산(지명) | お<ruby>兄<rt>にい</rt></ruby>さん 형, 오빠 | <ruby>週<rt>しゅう</rt></ruby>に 일주일에 | ドア 문

服装 복장

帽子をかぶる
모자를 쓰다

めがねをかける
안경을 쓰다

シャツを着る
셔츠를 입다

ネクタイをする・しめる
넥타이를 하다

時計をする・はめる
시계를 차다

ジーンズをはく
청바지를 입다

ベルトをする・しめる
벨트를 매다

ワンピースを着る
원피스를 입다

指輪をする・はめる
반지를 끼다

ピアスをする・つける
피어스를 하다

スカーフを巻く
스카프를 매다

スニーカーをはく
운동화를 신다

着物
기모노

着物는 말 그대로 '입는 것(着る+物)'을 총칭하는 의미였지만, 지금은 일본 전통 의상을 가리키는 말로 쓰이고 있다. 着物의 종류에는 여러 가지가 있는데 그 중 대표적인 것은 다음과 같다.

여자의 예복

결혼식에서 신부는 먼저 친정 부모와의 출생 인연의 소멸을 의미하는 흰색 白無垢를 입고 식을 시작한다. 이후에 시댁 가문의 사람이 되었다는 뜻의 화려한 色打掛로 갈아입고 남은 의식을 치른다.

남자의 예복

남성들의 기모노는 화려한 여성 복장에 비해 단조로우며 검은색 계통이 많다. 결혼식과 같은 공식적인 자리에 나갈 때는 상의 羽織り와 하의 袴를 입는다.

후리소데

振袖는 미혼 여성이 입는 옷으로 자수나 염색을 이용한 화려한 무늬가 특징이다. 긴 소맷자락이 발목까지 내려오며 성인식, 결혼식 등에 입는다.

도메소데

留袖는 기혼 여성이 입는 것으로 振袖와는 달리 소맷자락이 짧으며 결혼식, 피로연이 있을 때 주로 입는다. 치마 밑자락에는 한 폭의 그림이 있다.

모후쿠

喪服는 장례식에 입는 기모노이다. 검은 비단으로 만들며 고인에 대해 예를 갖추기 위해 5개의 가문 문양 외에 어떤 무늬도 넣지 않는다. 이 때 장신구도 검은색으로 모두 통일한다.

유카타

浴衣는 원래 목욕 후에 입던 홑겹 옷이었는데 에도 시대 이후 평상복으로 입게 되었다. 면으로 만드는 浴衣는 주로 여름철의 축제나 불꽃놀이에 입고 나간다.

03

お酒は飲んでは
いけません。

학습 목표　허가 및 금지 표현을 할 수 있다.

학습 요점　❶ 명사 にする　　　　　　❷ 동사 て형 てもいい
　　　　　　　❸ 동사 て형 てはいけない　❹ 원인·이유 표현

식당에서

木村（きむら）　何（なに）にしますか。

金（キム）　僕（ぼく）はビールにします。

木村（きむら）　僕もビール。田中さんは。

田中（たなか）　私はジュースにします。

金（キム）　田中さんはお酒（さけ）が嫌（きら）いですか。

田中（たなか）　いいえ。まだ19歳（さい）ですから、お酒は飲（の）んではいけません。

金（キム）　日本は何歳（なんさい）から飲（の）んでもいいですか。

田中（たなか）　20歳（はたち）からです。

金（キム）　へえ、そうですか。

　　韓国（かんこく）では満（まん）19歳（さい）から飲んでもいいですが、日本ではだめですか。

단어 및 표현

僕（ぼく）나(남자) | ビール 맥주 | ジュース 주스 | 何歳（なんさい）몇 살 | 20歳（はたち）스무 살
満（まん）～歳（さい）만 ~세 | だめだ 안 되다

1 명사に する　~(으)로 하다

- うどんとてんぷらにします。
- コーヒーにしますか。
- 済州への出発は明日にしました。

2 동사 て형ても いい　~아/어도 되다

- 20歳からお酒を飲んでもいいです。
- このお菓子は食べてもいいですよ。
- ここで写真を撮ってもいいですか。

3 동사 て형ては いけない　~아/어서는 안 되다

- 廊下を走ってはいけません。
- 室内でたばこを吸ってはいけません。
- ここに車を止めてはいけませんか。

단어 및 표현

うどん 우동 | てんぷら 튀김 | 済州 チェジュ 제주(지명) | お菓子かし 과자 | 写真 しゃしん 사진
撮とる 찍다 | 廊下 ろうか 복도 | 室内 しつない 실내 | たばこを吸すう 담배를 피우다 | 止とめる 세우다

4 원인 · 이유 표현

1) 접속조사 から

- ここは安くておいしいお店ですから、よく行きます。
- ワインが大好きでしたから、毎日飲みました。
- 危ないから、ここで遊んではいけません。
- 頑張りましたから、A⁺をください。

※ からは ので에 비해 주관성이 강합니다.

2) 접속조사 ので

- このプールは浅いので、子供が入ってもいいですよ。
- 漢拏山はとてもきれいなので、観光客が多いです。
- ここは人気のお店ですので、予約が難しいです。
- 用事がありますので、先に帰ります。
- 頑張りましたので、A⁺をください。

단어 및 표현

ワイン 와인 | 危あぶない 위험하다 | 頑張がんばる 열심히 하다, 분발하다 | A⁺ エープラス A플러스
浅あさい 얕다 | 子供 こども 아이 | 漢拏山 ハンラサン 한라산 | 観光客 かんこうきゃく 관광객
人気 にんき 인기 | 予約 よやく 예약 | 用事 ようじ 볼일 | 先さきに 먼저

Ⅰ. 보기와 같이 연습해 보세요.

보기	私 / ビール / サラダ　➡　私はビールとサラダにします。

① 私 / ステーキ / ライス　➡　_____

② 私 / ケーキ / コーヒー　➡　_____

③ 僕ぼく / コーラ / ポテト　➡　_____

④ 僕 / ハンバーグ / スープ　➡　_____

Ⅱ. 보기와 같이 연습해 보세요.

보기	写真を撮る　➡　写真を撮ってもいいですか。

① ペンを借りる　➡　_____

② トイレに行く　➡　_____

③ 窓を開ける　➡　_____

④ ここに座る　➡　_____

단어 및 표현

ステーキ 스테이크 | ライス 라이스 | ポテト 포테이토 | ハンバーグ 햄버그 스테이크 | スープ 수프

Ⅲ. 보기와 같이 연습해 보세요.

> | 보기 | 室内 / たばこ / 吸う　➡　室内ではたばこを吸ってはいけません。 |

① 病院 / ケータイ / 使う　➡　_____

② 教室の中 / 食べ物 / 食べる　➡　_____

③ 美術館（びじゅつかん） / 写真 / 撮る　➡　_____

④ この公園 / サッカー / する　➡　_____

Ⅳ. 보기와 같이 연습해 보세요.

> | 보기 | 危ない / ここで遊ぶ　➡　危ないですから、ここで遊んではいけません。 |
> | | 明日は休み / 遅くまで遊ぶ　➡　明日は休みですから、遅くまで遊んでもいいです。 |

① 太（ふと）る / たくさん食べる

➡　_____

② 風（かぜ）が強い / 海（うみ）で泳ぐ

➡　_____

③ 試食（ししょく） / 食べる

➡　_____

④ 時間がある / ゆっくりする

➡　_____

단어 및 표현

美術館 びじゅつかん 미술관 | 遅 おそく 늦게 | 太 ふとる 살찌다 | たくさん 많이 | 風 かぜ 바람 | 海 うみ 바다
試食 ししょく 시식 | ゆっくり 천천히

禁止マーク 금지 마크

触ってはいけません。
만져서는 안 됩니다.

土足で入っては
いけません。
신발을 신고 들어가서는 안 됩니다.

フラッシュを使っては
いけません。
카메라 플래시를 사용해서는 안 됩니다.

自撮り棒を使っては
いけません。
셀카봉을 사용해서는 안 됩니다.

ごみを捨てては
いけません。
쓰레기를 버려서는 안 됩니다.

ペットを連れて入っては
いけません。
애완동물을 데리고 들어가서는 안 됩니다.

火を使っては
いけません。
불을 사용해서는 안 됩니다.

自転車を止めては
いけません。
자전거를 세워서는 안 됩니다.

飲酒運転をしては
いけません。
음주운전을 해서는 안 됩니다.

言語と文化
언어와 문화

한국어와 일본어는 비슷하지만 직역하면 실례가 되거나 번역하기 어려운 표현도 있다. 그것은 언어가 의사 소통을 위한 단순한 기호가 아니라 문화의 일부이기 때문이다.

여기에서는 어떤 표현이 실례가 되는지 살펴보자.

写真を撮ってあげましょうか。
사진을 찍어 드릴까요?

写真を撮りましょうか。
사진을 찍을까요?

예를 들어 위의 그림에서처럼 '사진을 찍어 드릴까요?'는 자연스러운 한국어 표현이지만, 일본어에서는 〜てあげる(~해 주다, 해 드리다)를 사용하면 상대방이 누구인지에 따라 실례가 될 수 있다. 그래서 「写真を撮ってあげましょうか。」 대신 「写真を撮りましょうか。」를 쓰는 편이 좋다.

또한 「プレゼン、とても良かったです。(프레젠테이션 매우 좋았습니다)」 등 직접적인 평가의 의미를 담은 표현보다는 「プレゼンを聞いていろいろと考えたり感じることができました。(프레젠테이션을 듣고 여러 가지로 생각하거나 느낄 수 있었습니다)」처럼 본인의 느낀 점을 전달하는 편이 좋다.

질문할 때도 주의가 필요하다. 친한 관계가 아니면 「おいくつですか。(나이가 어떻게 되세요?)」, 「結婚していますか。(결혼했습니까?)」, 「子どもはいますか。(아이는 있습니까?)」, 「お父さんのお仕事は？(아버지는 무엇을 하세요?)」 등의 사적인 질문은 가급적 피하는 것이 좋다.

04

京都へ行ったことがありますか。

<ruby>京<rt>きょう</rt>都<rt>と</rt></ruby>へ<ruby>行<rt>い</rt></ruby>ったことがありますか。

학습 목표 동사 た형을 이해한다.

경험을 말할 수 있다.

상태 변화 표현을 할 수 있다.

학습 요점 ❶ 동사 た형   ❷ 동사 た형 たことがある / ない

❸ 동사 た형 たり 동사 た형 たり する   ❹ 동사 た형 たら

❺ 명사・な형용사 어간 になる / い형용사 어간 くなる

카페에서

李　木村さん、もうすぐ夏休みですね。

木村　ええ、そうですね。李さんは夏休みになったら、何をしますか。

李　韓国へ帰ります。家に帰ったら母の手料理が食べたいです。

　　木村さんは。

木村　私は京都へ行きます。李さんは京都へ行ったことがありますか。

李　いいえ、一度も行ったことがありません。

　　京都へ行ったら何をしますか。

木村　お寺へ行ったり、着物を着て街を歩いたりします。

李　えっ、着物を着て街を歩きますか。私もしてみたいです。

木村　本当に楽しいですよ。

　　私が案内しますから、今度一緒に行きましょう。

단어 및 표현

京都 きょうと 교토(지명) | 夏休 なつやすみ 여름방학 | 手料理 てりょうり 손수 만든 요리 | 一度 いちど 한 번
お寺 てら 절 | 着物 きもの 기모노 | 街 まち 거리 | 本当 ほんとうに 정말로 | 案内 あんない 안내

1 동사 た형

동사 종류	기본형	た형 만드는 법	
1그룹	書_かく	く → いた	書_かいた
	泳_{およ}ぐ	ぐ → いだ	泳_{およ}いだ
	주의! 行_いく → 行_いった		
	買_かう	う ⎤	買_かった
	待_まつ	つ ⎬ → った	待_まった
	帰_{かえ}る	る ⎦	帰_{かえ}った
	死_しぬ	ぬ ⎤	死_しんだ
	遊_{あそ}ぶ	ぶ ⎬ → んだ	遊_{あそ}んだ
	飲_のむ	む ⎦	飲_のんだ
	話_{はな}す	す → した	話_{はな}した
2그룹	食_たべる		食_たべた
	寝_ねる	る탈락 + た	寝_ねた
	起_おきる		起_おきた
	見_みる		見_みた
3그룹	する		した
	来_くる		来_きた

2 동사 た형 たことが ある ~ㄴ/은 적이 있다

동사 た형 たことが ない ~ㄴ/은 적이 없다

‣ A: 日本へ行ったことがありますか。

  B: はい、一度行ったことがあります。

‣ A: 納豆_{なっとう}を食べたことがありますか。

  B: いいえ、納豆は食べたことがありません。(= ないです。)

단어 및 표현

納豆 なっとう 낫토

40

3 동사 た형 たり 동사 た형 たり する ~거나 ~거나 하다

- 暇な時は映画を見たり、買い物に行ったりします。
- 昨日は家で掃除をしたり、料理を作ったり、本を読んだりしました。
- 週末は友達と山に登ったりします。
- パーティーではみんなで歌を歌ったり、踊ったりして楽しかったです。

4 동사 た형 たら ~(으)면, ~았/었더니

- 空港に着いたら、連絡ください。
- もし100万円あったら、何がしたいですか。
- 教室に入ったら、誰もいませんでした。
- 薬を飲んで寝たら、風邪が治りました。

5 명사 に なる ~이/가 되다

な형용사 어간 に なる ~게 되다

い형용사 어간 く なる ~아/어지다

- A: 将来、何になりたいですか。

  B: 医者になりたいです。
- 掃除をしたので、きれいになりました。
- これからますます暑くなります。

단어 및 표현

掃除 そうじ 청소 | パーティー 파티 | みんな 모두 | 踊おどる 춤추다 | 連絡 れんらく 연락 | もし 만일
薬くすりを飲のむ 약을 먹다 | 風邪 かぜ 감기 | 治なおる 낫다 | 将来 しょうらい 장래 | 医者 いしゃ 의사
ますます 점점, 더욱더 | 暑あつい 덥다

04 京都へ行ったことがありますか。 **41**

I. 보기와 같이 표를 완성하세요.

기본형	그룹	~た
보기 踊_{おど}る 춤추다	1	踊_{おど}った 춤추었다
会_あう 만나다		
行_いく 가다		
飲_のむ 마시다		
治_{なお}る 낫다		
帰_{かえ}る 돌아가(오)다		
着_つく 도착하다		
食_たべる 먹다		
する 하다		
待_まつ 기다리다		
教_{おし}える 가르치다		
呼_よぶ 부르다		
登_{のぼ}る 오르다		
来_くる 오다		

話す 이야기하다

脱ぐ 벗다

入る 들어가(오)다

勉強する 공부하다

降る 내리다

遊ぶ 놀다

ある 있다

書く 쓰다

寝る 자다

死ぬ 죽다

洗う 씻다

Ⅱ. 보기와 같이 연습해 보세요.

보기	
日本へ行く	A: 日本へ行ったことがありますか。 B: はい、行ったことがあります。 　　いいえ、行ったことがありません。(=ないです。)

① たこ焼きを食べる

A: _____

B: はい、_____

② 新幹線に乗る

A: _____

B: いいえ、_____

③ 海外旅行をする

A: _____

B: はい、_____

④ 日本の小説を読む

A: _____

B: いいえ、_____

단어 및 표현

たこ焼やき 다코야키 | 新幹線 しんかんせん 신칸센 | 海外旅行 かいがいりょこう 해외여행
小説 しょうせつ 소설

44

Ⅲ. 보기와 같이 연습해 보세요.

> 보기　テレビを見る / 音楽を聞く
>
> ➡ 週末はテレビを見たり、音楽を聞いたりします。

① プールで泳ぐ / ジョギングをする

➡ 朝、_____

② 友達に会う / 山に登る

➡ 週末は_____

③ 雨<small>あめ</small>が降<small>ふ</small>る / 止<small>や</small>む

➡ この季節<small>きせつ</small>は_____

④ 薬を飲む / トイレに行く

➡ 昨日はお腹<small>なか</small>が痛くて_____

Ⅳ. 보기와 같이 연습해 보세요.

> 보기　食事が終わる　➡　食事が終わったらすぐ出<small>で</small>かけます。

① 家に帰る　➡　_____まず手を洗います。

② 週末、時間がある　➡　_____一緒にサッカーをしませんか。

③ スーパーに行く　➡　_____休みでした。

④ 雨が降る　➡　_____試合<small>しあい</small>は中止<small>ちゅうし</small>になります。

調理法 조리법

肉を焼く
고기를 굽다

野菜を炒める
채소를 볶다

ポテトを揚げる
감자를 튀기다

あんまんを蒸す
찐빵을 찌다

魚を煮る
생선을 졸이다

のり巻きを巻く
김밥을 말다

ご飯を炊く
밥을 짓다

お湯を沸かす
물을 끓이다

キャベツを茹でる
양배추를 삶다

大根をおろす
무를 갈다

ソースをかける
소스를 뿌리다

小麦粉と卵を混ぜる
밀가루와 달걀을 섞다

おせち料理

오세치 요리(일본 정월 음식)

　일본에서는 정월에 먹는 요리를 가리켜 おせち料理라고 한다. おせち料理는 경사스러운 일이 계속해서 생기길 바라는 마음이 담긴 요리로, 重箱라는 네모난 찬합에 담아낸다. 요리 내용은 지방이나 가정마다 다르지만 대체로 黒豆(검은콩 조림), 伊達巻(으깬 생선살을 넣은 계란 요리), 田作り(멸치조림) 등을 들 수 있다. 黒豆의 豆와 동음인 まめ는 성실하다는 의미이다. 黒는 도교(道教)에서 악귀를 쫓는 색이 검은색이라 하여, 나쁜 기운을 버리고 새해도 열심히 일하기 바라는 마음을 담고 있다. 伊達巻의 伊達는 화려함을 나타내며, 巻는 옛날에 문서 등을 말아서 보관했던 것에서 학문 성취를 의미한다. 그리고 田作り는 멸치에 간장과 설탕을 넣어 조린 요리이다. 일본에서는 멸치가 비료로 사용되었기 때문에 풍작을 기원한다. 이처럼 おせち料理의 재료 하나하나에 깊은 뜻이 담겨 있다.

▲ 黒豆

▲ 伊達巻

▲ 田作り

おせち料理 ▶

今日はお風呂に入らないでください。

학습 목표 동사 ない형을 이해한다.
금지 및 명령 표현을 할 수 있다.

학습 요점 ❶ 동사 ない형   ❷ 동사 ない형 ないで
❸ 동사 ない형 ないでください   ❹ 동사 て형 てください

병원에서

医者 どうしましたか。

金 一昨日からのどが痛くて……。熱が39度もあります。

医者 ひどい熱ですね。では、診てみましょう。

口を開けてください。のどがはれていますね。

風邪ですね。最近流行っていますよ。

今日はお風呂に入らないでください。

金 はい。シャワーは浴びてもいいですか。

医者 シャワーぐらいはいいですよ。

それから、なるべく無理をしないで、ゆっくり休んでください。

金 はい、わかりました。

단어 및 표현

一昨日 おととい 그저께 | 痛いたい 아프다 | 熱 ねつ 열 | ～度 ど ~도(온도 단위) | ひどい 심하다

診みる 보다, 진찰하다 | 口くちを開あける 입을 벌리다 | はれる 붓다 | 最近 さいきん 최근

流行はやる 유행하다 | お風呂ふろに入はいる 목욕을 하다 | それから 그리고(나서) | なるべく 가능한 한, 되도록

無理 むり 무리 | わかる 알다

1 동사 ない형

동사 종류	기본형	동사 ない형 만드는 법	
1그룹	★<ruby>買<rt>か</rt></ruby>う <ruby>行<rt>い</rt></ruby>く <ruby>泳<rt>およ</rt></ruby>ぐ <ruby>話<rt>はな</rt></ruby>す <ruby>待<rt>ま</rt></ruby>つ <ruby>死<rt>し</rt></ruby>ぬ <ruby>遊<rt>あそ</rt></ruby>ぶ <ruby>飲<rt>の</rt></ruby>む <ruby>帰<rt>かえ</rt></ruby>る	어미 u단을 a단으로 바꾸고 ない를 연결한다. (u단 → a단 + ない) 주의! 어미가 う인 경우 <ruby>言<rt>い</rt></ruby>う → 言わない <ruby>会<rt>あ</rt></ruby>う → 会わない	<ruby>買<rt>か</rt></ruby>わない <ruby>行<rt>い</rt></ruby>かない <ruby>泳<rt>およ</rt></ruby>がない <ruby>話<rt>はな</rt></ruby>さない <ruby>待<rt>ま</rt></ruby>たない <ruby>死<rt>し</rt></ruby>なない <ruby>遊<rt>あそ</rt></ruby>ばない <ruby>飲<rt>の</rt></ruby>まない <ruby>帰<rt>かえ</rt></ruby>らない
2그룹	<ruby>食<rt>た</rt></ruby>べる <ruby>寝<rt>ね</rt></ruby>る <ruby>起<rt>お</rt></ruby>きる <ruby>見<rt>み</rt></ruby>る	어미 る를 빼고 ない를 연결한다. (る탈락 + ない)	<ruby>食<rt>た</rt></ruby>べない <ruby>寝<rt>ね</rt></ruby>ない <ruby>起<rt>お</rt></ruby>きない <ruby>見<rt>み</rt></ruby>ない
3그룹	する <ruby>来<rt>く</rt></ruby>る		しない <ruby>来<rt>こ</rt></ruby>ない

2 동사 ない형 **ないで** ~지 않고, ~지 말고

- 朝ご飯を食べないで、学校へ行きます。
- 来週試験があるので友達と遊ばないで、頑張って勉強をしています。
- テレビの前にいないで、買い物にでも行きましょう。
- 今買わないで、ちょっと考えて買いませんか。

3 동사 ない형 **ないで ください** ~지 말아 주세요

- けんかしないでください。
- 親との約束は忘れないでください。
- 店の中ではたばこを吸わないでください。
- 博物館では大きな声で話さないでください。

4 동사 て형 **て ください** ~아/어 주세요

- メールは毎日チェックしてください。
- 薬は朝晩2回飲んでください。
- 会社に遅れるから、早く起きてください。
- こちらに座って待っていてください。

단어 및 표현

ちょっと 잠시, 좀 | 考かんがえる 생각하다 | けんか 싸움 | 親 おや 부모 | 約束 やくそく 약속
博物館 はくぶつかん 박물관 | 声 こえ 목소리 | 毎日 まいにち 매일 | チェックする 체크하다
朝晩 あさばん 아침저녁 | 遅おくれる 늦다, 지각하다 | 座すわる 앉다

Ⅰ. 보기와 같이 표를 완성하세요.

기본형	그룹	～ない
보기 行_いく 가다	1	行_いかない 가지 않다
会_あう 만나다		
飲_のむ 마시다		
帰_{かえ}る 돌아가(오)다		
寝_ねる 자다		
入_{はい}る 들어가(오)다		
する 하다		
待_まつ 기다리다		
取_とる 잡다		
遊_{あそ}ぶ 놀다		
見_みる 보다		
来_くる 오다		
話_{はな}す 이야기하다		
泳_{およ}ぐ 헤엄치다		

いる 있다

＊ある 있다

ない 없다

書く 쓰다

知る 알다

食べる 먹다

読む 읽다

忘れる 잊다

出す 내다

持つ 들다, 가지다

走る 달리다

起きる 일어나다

Ⅱ. 보기와 같이 연습해 보세요.

| 보기 | 宿題を忘れる → 宿題を忘れないでください。 |

① 人と比べる → _____

② しばらく電気を消す → _____

③ 展示品に触る → _____

④ 危ないから、ここに来る → _____

Ⅲ. 보기와 같이 연습해 보세요.

| 보기 | ボタンを押す → ボタンを押してください。 |

① また電話をかける → _____

② 食後に歯をみがく → _____

③ 今度ギターを教える → _____

④ ここから家まで運転する → _____

단어 및 표현

宿題 しゅくだい 숙제 | 人 ひと 사람, 남 | 比くらべる 비교하다 | しばらく 잠시 동안 | 消けす 끄다
展示品 てんじひん 전시품 | 触さわる 손대다 | 危あぶない 위험하다 | ボタン 버튼 | 押おす 누르다
電話でんわをかける 전화를 걸다 | 食後 しょくご 식후 | 歯 は 이, 치아 | みがく 닦다 | ギター 기타
教おしえる 가르치다 | 運転うんてんする 운전하다

Ⅳ. 보기와 같이 연습해 보세요.

| 보기 | 昼寝をする / 本を読む ➡ 昼寝をしないで本を読みます。 |

① 砂糖を入れる / コーヒーを飲む ➡ ＿＿＿＿＿＿＿＿＿＿＿＿

② 家で料理を作る / 買って食べている ➡ ＿＿＿＿＿＿＿＿＿＿＿＿

③ 一人で行く / 友達と行く ➡ ＿＿＿＿＿＿＿＿＿＿＿＿

④ 金さんに会う / 帰る ➡ ＿＿＿＿＿＿＿＿＿＿＿＿

Ⅴ. 아래 문장을 일본어로 쓰세요.

① 한국어로 대답하지 말고 일본어로 대답해 주세요.

➡ ＿＿＿＿＿＿＿＿＿＿＿＿＿＿＿＿＿＿＿＿＿

② 사양하지 말고 받으세요.

➡ ＿＿＿＿＿＿＿＿＿＿＿＿＿＿＿＿＿＿＿＿＿

단어 및 표현

昼寝ひるねをする 낮잠을 자다 ｜ 砂糖さとう 설탕 ｜ 入いれる 넣다 ｜ 答こたえる 대답하다
遠慮えんりょする 사양하다 ｜ もらう 받다

体 _{からだ} 신체

頭 _{あたま} 머리

眉毛 _{まゆげ} 눈썹

目 _め 눈

鼻 _{はな} 코

髪 / 髪の毛 _{かみ かみ け} 머리카락

歯 _は 이

耳 _{みみ} 귀

口 _{くち} 입

首 _{くび} 목

腕 _{うで} 팔

肩 _{かた} 어깨

肘 _{ひじ} 팔꿈치

背中 _{せなか} 등

手 _て 손

胸 _{むね} 가슴

腰 _{こし} 허리

膝 _{ひざ} 무릎

脚 _{あし} 다리

お腹 _{なか} 배

足 _{あし} 발

非言語表現
비언어 표현

　사람과 사람이 서로 마주하여 대화하는 경우, 말하는 이는 언어뿐만 아니라 시선·제스처·표정 등 다양한 비언어 표현을 동반하여 정보를 전달한다. 한 연구 결과에 따르면 정보를 전달하는 데 있어서 비언어 표현이 담당하는 정보량은 전체의 60% 이상으로 그 비중이 상당히 높다고 한다.

　비언어 표현은 일본어에서도 관찰되는데 한일 간 동일한 부분도 상이한 부분도 있다. 일례로 특정 사람이나 사물을 가리킬 때 손 혹은 손가락을 사용한다는 점에서는 동일하다. 하지만 한국에서는 자신을 가리킬 때 손으로 가슴을 가리키거나 가슴에 손을 얹는데 일본에서는 자신의 얼굴을 가리킨다.

06

<ruby>無<rt>む</rt></ruby><ruby>理<rt>り</rt></ruby>しない<ruby>方<rt>ほう</rt></ruby>がいいです。

학습 목표　조언 및 당위 표현을 할 수 있다.

학습 요점　❶ 동사 た형 た方がいい　　❷ 동사 ない형 ない方がいい
　　　　　　　❸ 동사 ない형 なくてもいい
　　　　　　　❹ 동사 ない형 なくてはいけない
　　　　　　　　동사 ない형 なくてはならない
　　　　　　　❺ 동사, い형용사, な형용사, 명사 ば형

회화

🔊 16

학교 복도에서

田中 李さん、顔色が悪いですね。

李 昨日、夜遅くまでレポートを書きました。

それで、今すごく眠いです。

田中 無理しない方がいいですよ。

レポートの提出はいつまでですか。

李 今日の3時までです。

田中 今1時だから、急いだ方がいいですね。

ちょっと手伝いましょうか。

李 いいえ、大丈夫です。頑張ればすぐ終わります。

田中 そうですか。それから、今日3時の会議、覚えていますか。

李 あ、そうだ。会議がありましたね。すっかり忘れていました。

田中 忙しかったら会議には来なくてもいいですよ。

李 大丈夫です。会議には出なくてはいけないので、行きます。

단어 및 표현

顔色 かおいろ 안색 | 悪わるい 나쁘다, 안 좋다 | 夜よる 遅おそく 밤늦게 | それで 그래서 | 眠ねむい 졸리다
提出 ていしゅつ 제출 | 急いそぐ 서두르다 | 手伝てつだう 돕다 | 終おわる 마치다, 끝나다 | 会議 かいぎ 회의
すっかり 완전히

🔊 17

1 동사 た형 た方が いい　~는 편이 좋다

- ゆっくり休んだ方がいいです。
- 熱があったら、病院に行った方がいいです。
- 体に悪いから、たばこは止めた方がいいですよ。

2 동사 ない형 ない方が いい　~지 않는 편이 좋다

- これ以上は飲まない方がいいです。
- 風が強いので、窓を開けない方がいいです。
- こんな動画は見ない方がよかったです。

3 동사 ない형 なくても いい　~지 않아도 되다

- 明日は早く来なくてもいいです。
- 大丈夫ですから、そんなに心配しなくてもいいですよ。
- ケーキは買わなくてもいいですか。

4 동사 ない형 なくては いけない（＝なければ いけない）
동사 ない형 なくては ならない（＝なければ ならない）

~지 않아서는 안 되다(＝~지 않으면 안 되다)

- 嫌いな野菜も食べなくてはいけません。
- 発表があるので、準備をしなければいけません。

단어 및 표현

病院 びょういん 병원 ┃ 止やめる 그만두다 ┃ 以上 いじょう 이상 ┃ 開あける 열다 ┃ 動画 どうが 동영상
心配しんぱいする 걱정하다 ┃ 野菜 やさい 야채 ┃ 発表 はっぴょう 발표 ┃ 準備 じゅんび 준비

＊ 韓国人の男性は軍隊に行かなくてはなりません。

＊ 交通ルールを守らなければなりません。

5 동사, い형용사, な형용사, 명사 ば형

구분		기본형	ば형 만드는 법	
동사	1그룹	書く 話す 飲む 帰る	어미 u단을 e단으로 바꾸고 ば를 연결한다 (u단 → e단 + ば)	書けば 話せば 飲めば 帰れば
	2그룹	食べる 見る	어미 る를 빼고 れば를 연결한다 (る탈락 + れば)	食べれば 見れば
	3그룹	する 来る		すれば 来れば
い형용사		忙しい 寒い 悪い	어미 い를 빼고 ければ를 연결한다 주의! いい → よければ	忙しければ 寒ければ 悪ければ
な형용사		好きだ 静かだ	어미 だ를 빼고 なら(ば)를 연결한다	好きなら(ば) 静かなら(ば)
명사		学生	명사에 なら(ば)를 연결한다	学生なら(ば)

＊ 練習すれば上手になります。

＊ 安ければ買いますが、高ければ買いません。

＊ 何時に行けばいいですか。

＊ もし暇なら(ば)遊びに来てください。

＊ 私なら(ば)そんなことはしません。

男性 だんせい 남성 | 軍隊 ぐんたい 군대 | 交通 こうつう 교통 | ルール 규칙 | 守 まもる 지키다

I. 보기와 같이 표를 완성하세요.

기본형	그룹	~ば
[보기] 食^たべる 먹다	2	食^たべれば 먹으면
走^{はし}る 달리다		
いる 있다		
話^{はな}す 이야기하다		
休^{やす}む 쉬다		
見^みる 보다		
勉強^{べんきょう}する 공부하다		
来^くる 오다		
咲^さく 피다		
飲^のむ 마시다		
歩^{ある}く 걷다		
行^いく 가다		
買^かう 사다		

기본형	~ば
보기 おいしい 맛있다	おいしければ 맛있으면
難<small>むずか</small>しい 어렵다	
大<small>おお</small>きい 크다	
重<small>おも</small>い 무겁다	
痛<small>いた</small>い 아프다	
甘<small>あま</small>い 달다	
보기 暇<small>ひま</small>だ 한가하다	暇ならば 한가하면
有名<small>ゆうめい</small>だ 유명하다	
便利<small>べんり</small>だ 편리하다	
複雑<small>ふくざつ</small>だ 복잡하다	
必要<small>ひつよう</small>だ 필요하다	
静<small>しず</small>かだ 조용하다	
보기 私<small>わたし</small> 나	私ならば 나라면
休<small>やす</small>み 쉬는 날	
今<small>いま</small> 지금	
雨<small>あめ</small> 비	
東京<small>とうきょう</small> 도쿄	
本当<small>ほんとう</small> 정말	

Ⅱ. 보기와 같이 문장을 완성하세요.

보기	
ちょっと休む	A: 疲れました。 B: ちょっと休んだ方がいいです。
話す	A: この話は秘密です。 B: 話さない方がいいです。

① 運動をする　　A: 最近5キロも太りました。

　　　　　　　　B: _____

② 病院に行く　　A: 熱があります。

　　　　　　　　B: _____

③ 食べる　　　　A: これ、ちょっと変な味がします。

　　　　　　　　B: _____

④ たばこを吸う　A: のどが痛いです。

　　　　　　　　B: _____

Ⅲ. 보기와 같이 연습해 보세요.

보기	
明日は日曜日です / 会社に行く	
→ 明日は日曜日ですから、会社に行かなくてもいいです。	

① あさっては休みです / 早く起きる

→ _____

단어 및 표현

話 はなし 이야기 | 秘密 ひみつ 비밀 | 運動 うんどう 운동 | 最近 さいきん 최근 | ～も ~(이)나
キロ 킬로그램 | 変 へんだ 이상하다 | 味 あじ 맛 | あさって 모레

② ここから近いです / タクシーに乗る

→ _____

③ 天気がいいです / 傘を持って行く

→ _____

④ 時間がたくさんあります / 急ぐ

→ _____

Ⅳ. 보기와 같이 연습해 보세요.

보기　日本語の授業です / 日本語で話す
　→　日本語の授業ですから、日本語で話さなくてはいけません。

① 用事があります / 早く帰る

→ _____

② 友達が遊びに来ます / 空港に迎えに行く

→ _____

③ コンサートは来週の金曜日です / チケットを買う

→ _____

④ 漢字が間違っています / 直す

→ _____

그림 사전

症状 증세
しょうじょう

頭痛がする
ずつう
두통이 나다

体がだるい
からだ
몸이 나른하다

めまいがする
현기증이 나다

寒気がする
さむけ
한기가 들다 / 오한이 나다

鼻水が出る
はなみず　で
콧물이 나다

胃がもたれる
い
속이 더부룩하다

下痢をする
げり
설사를 하다

吐き気がする
は　け
토할 것 같다

気持ちが悪い
き　も　　わる
속이 안 좋다

肩がこる
かた
어깨가 결리다

にきびができる
여드름이 나다

肌がかぶれる
はだ
피부에 염증이 생기다

気持ちと気分
きもち と きぶん

기분

　일본어에서는 우리말의 '기분'에 해당하는 표현을 気持ち와 気分으로 나눠 쓰고 있어 주의가 필요하다. 예를 들어 시험에 떨어져 기분이 안 좋은 경우는 어느 쪽일까? 이때는 정신적 상태를 나타내는 표현인 気分が悪い를 써야 한다.

　기본적으로 気持ちがいい・悪い는 오감(五感)을 통한 감각, 감정을 나타내는 표현이다. 시원한 바람을 맞거나 목욕 후의 상쾌한 기분은 気持ちがいい로, 바퀴벌레를 보거나 만졌을 때 징그럽고 불쾌한 느낌 등은 気持ちが悪い로 표현한다. 이 경우 気分으로 바꿔 쓸 수 없다. 추운 겨울 따뜻한 온천에 들어갔을 때의 기분은 気持ちがいい로, 시험에 합격했을 때의 기분은 気分がいい로 구별하여 써야 한다.

　그렇다면 배 멀미를 해서 기분이 안 좋은 경우는 어떨까? 이때는 모두 사용할 수 있다. 단, 뉘앙스 차이는 있다. 생리적 상태 표현에서의 気持ちが悪い는 오로지 토할 것 같은 기분만을 나타내는데, 気分が悪い는 실제 몸이 아프거나 몸의 상태가 전반적으로 좋지 않은 것까지 포함한다.

07

もうすぐ来ると思います。

학습 목표   보통체를 만들 수 있다.

전문(伝聞) 표현을 할 수 있다.

학습 요점   ❶ 보통체   ❷ 보통체 と思う

                          ❸ 보통체 と言う, と聞く   ❹ 보통체 そうだ(전문)

다나카 씨의 집에서

田中 李さん、いらっしゃい。どうぞ入ってください。

李 お邪魔します。木村さんはまだですか。

田中 木村さんは30分ぐらい遅れるそうです。李さんは

一人で来ましたか。金さんと一緒に来ると思いました。

李 金さんは急に用事ができたので、私だけ先に来ました。

金さんはもうすぐ来ると思います。

田中 そうですか。これ、私が作ってみましたが、よかったらどうぞ。

李 タルトですね。いただきます。

(一口食べてから) うわ、おいしい。

田中 ああ、口に合ってよかった。

ところで、今日の天気予報を聞きましたか。

李 いいえ、聞きませんでした。

田中 天気予報によると、夜から大雨になるそうですよ。

李 そうですか。それでは、今日は早く帰った方がいいですね。

단어 및 표현

いらっしゃい 어서 오세요 | お邪魔じゃまする 실례하다 | ～だけ ~뿐, 만 | もうすぐ 이제 곧

タルト 타르트 | 一口 ひとくち 한입, 한 모금 | 口くちに合あう 입에 맞다 | 天気予報 てんきよほう 일기예보

～によると ~에 의하면 | 大雨 おおあめ 많은 비

1 보통체

	정중체	보통체
명사	学生です	学生だ
	学生ではありません (=学生ではないです)	学生ではない
	学生でした	学生だった
	学生ではありませんでした (=学生ではなかったです)	学生ではなかった
い 형용사	暑いです	暑い
	暑くありません(=暑くないです)	暑くない
	暑かったです	暑かった
	暑くありませんでした (=暑くなかったです)	暑くなかった
な 형용사	好きです	好きだ
	好きではありません(=好きではないです)	好きではない
	好きでした	好きだった
	好きではありませんでした (=好きではなかったです)	好きではなかった
동사	行きます	行く
	行きません	行かない
	行きました	行った
	行きませんでした	行かなかった

2 보통체 と 思う ~라고 생각하다

- 彼は中国人だと思います。
- この料理はおいしいと思いません。
- 祖父の時計は高かったと思います。
- ここの海はきれいだと思いませんか。

↑ 新しい靴を買うと思います。

↑ 金さんは家に帰ったと思いますか。

↑ 今日は雨が降らないと思いました。

↑ 学校に来なかったと思って電話をしました。

3 보통체 と 言う ~라고 (말)하다

　　보통체 と 聞く ~라고 듣다

↑ 木村さんは週末はたいてい友達に会うと言いました。

↑ 李さんは会議に出ないと言いましたが、来ています。

↑ 風邪の時はお風呂に入らない方がいいと聞きました。

↑ 木村さんと李さんが付き合っていると聞いて、びっくりしました。

4 보통체 そうだ ~(라)고 하다(전문)

↑ ニュースによると、明日は雨だそうです。

↑ 木村さんの話ではあの人は留学生ではないそうです。

↑ 友達から聞きましたが、数学の先生は厳しいそうです。

↑ このあたりは桜の木がたくさんあってきれいだったそうです。

↑ 天気予報によると、台風が近づいているそうです。

↑ 新聞によると、今年は去年より交通事故が2倍以上増えたそうです。

단어 및 표현

靴 くつ 신발, 구두 | 時 とき 때 | 付つき合あう 사귀다 | ～では ~에서는, ~(으)로는 | 数学 すうがく 수학
厳きびしい 엄격하다 | あたり 근처, 부근 | 木 き 나무 | 台風 たいふう 태풍 | 近ちかづく 접근하다
交通 こうつう 교통 | 事故 じこ 사고 | ～倍 ばい ~배 | 増ふえる 증가하다

Ⅰ. 보기와 같이 표를 완성하세요.

보기			
見ます	見ません	見ました	見ませんでした
見る	見ない	見た	見なかった

雨です	雨ではありません	雨でした	雨ではありませんでした
高いです	高くありません	高かったです	高くありませんでした
いいです	よくありません	よかったです	よくありませんでした
元気です	元気ではありません	元気でした	元気ではありませんでした
静かです	静かではありません	静かでした	静かではありませんでした
買います	買いません	買いました	買いませんでした
あります	ありません	ありました	ありませんでした
起きます	起きません	起きました	起きませんでした
来ます	来ません	来ました	来ませんでした

する	しない	した	しなかった
します	しません	しました	しませんでした

| 早^{はや}い | 早^{はや}くない | 早^{はや}かった | 早^{はや}くなかった |

早い　早くない　早かった　早くなかった

親切^{しんせつ}だ　親切^{しんせつ}ではない　親切^{しんせつ}だった　親切^{しんせつ}ではなかった

遊^{あそ}ぶ　遊^{あそ}ばない　遊^{あそ}んだ　遊^{あそ}ばなかった

悪^{わる}い　悪^{わる}くない　悪^{わる}かった　悪^{わる}くなかった

先生^{せんせい}だ　先生^{せんせい}ではない　先生^{せんせい}だった　先生^{せんせい}ではなかった

飲^のむ　飲^のまない　飲^のんだ　飲^のまなかった

痛^{いた}い　痛^{いた}くない　痛^{いた}かった　痛^{いた}くなかった

上手^{じょうず}だ　上手^{じょうず}ではない　上手^{じょうず}だった　上手^{じょうず}ではなかった

書^かく　書^かかない　書^かいた　書^かかなかった

Ⅱ. 보기와 같이 연습해 보세요.

> 보기　　夏休みに日本へ行きます。
> ➝ 夏休みに日本へ行くと思います。

① 会議は来週の金曜日です。

➝ _____

② セーターはあまり大きくないです。

➝ _____

③ 交通は便利ではありませんでした。

➝ _____

④ 田中さんはもう帰りました。

➝ _____

⑤ 説明会には来ませんでした。

➝ _____

Ⅲ. 보기와 같이 연습해 보세요.

> 보기   ニュース / 物価が上がります
>
> → ニュースによると、物価が上がるそうです。

① 天気予報 / 明日は曇り時々雨です。

→ _____

② 先輩の話 / 漢字の試験は難しかったです。

→ _____

③ 新聞 / 就職が大変です。

→ _____

④ 佐藤さんからのメール / 来月、アメリカから鈴木先生が来ます。

→ _____

⑤ ニュース / 池袋駅の前で交通事故がありました。

→ _____

Ⅳ. 아래 문장을 일본어로 쓰세요.

① 이것을 일본어로 무엇이라고 (말)합니까?

→ _____

② 두 사람은 이제 곧 결혼한다고 들었습니다.

→ _____

단어 및 표현

物価 ぶっか 물가 ┃ 上あがる 오르다 ┃ 曇くもり 흐림 ┃ 時々 ときどき 가끔, 때때로 ┃ 先輩 せんぱい 선배
就職 しゅうしょく 취직 ┃ 池袋 いけぶくろ 이케부쿠로(지명)

慣用句 관용구

_{あたま　　く}
頭に来る
화가 나다

_{かお　　ひろ}
顔が広い
발이 넓다

_め
目がない
너무 좋아하다

_{はな}
鼻にかける
잘난 체하다

_{くち　　かる}
口が軽い
입이 가볍다

_{みみ　　いた}
耳が痛い
귀가 따갑다

_{うで}
腕がいい
솜씨가 좋다

_{て　　き}
手を切る
관계를 끊다

_{はら　　わ}
腹を割る
본심을 털어놓다

_{こし　　ひく}
腰が低い
겸손하다

_{あし　　ひ　　ぱ}
足を引っ張る
발목을 잡다

_{て　　あし　　で}
手も足も出ない
꼼짝달싹 못하다

日本人と猫
일본인과 고양이

　일본어 관용 표현에는 신체 부위 이외에도 동물들이 많이 등장한다. 그 중에서도 고양이와 관련된 표현들을 자주 접할 수 있다. 예를 들면 한국어의 '눈코 뜰 사이 없다'와 같이 몹시 바쁜 상황에서는 猫の手も借りたい(고양이 손이라도 빌리고 싶다)라고 한다. 이 밖에도 면적이 손바닥만하다고 표현할 때는 猫の額(고양이 이마), 본성을 숨긴다는 의미로 사용되는 猫をかぶる(고양이 탈을 뒤집어쓰다), 뜨거운 음식을 못 먹는 것 혹은 그런 사람을 나타내는 猫舌(고양이 혓바닥) 등의 표현이 있다.

　고양이는 특히 일본인에게 사랑 받는 동물이다. 그래서 문학 작품이나 영화의 소재로도 종종 등장한다. 또 일본인들은 고양이가 행운을 가져다 주는 동물이라고 생각한다. 그래서 장사가 잘 되기를 바라는 마음을 담아 가게에 招き猫(복을 부르는 고양이)를 장식하기도 한다. 이러한 일본인들의 고양이에 대한 애정은 도라에몽, 키티와 같은 캐릭터에도 이어지는 듯하다. 그만큼 고양이는 일본인에게 친숙한 동물이다.

辛い食べ物が食べられますか。

학습 목표 가능 동사를 만들 수 있다.

가능 표현을 할 수 있다.

학습 요점 ❶ 가능 표현 (〜れる / られる・ことができる)

카페에서

金　田中さんは韓国料理を食べたことがありますか。

田中　はい、食べたことがあります。

金　田中さんは辛い食べ物が食べられますか。

田中　はい、食べられます。大好きです。

　　　簡単な韓国料理も作れます。

金　すごいですね。材料はどこで買いますか。

田中　新大久保で買うことができますよ。

　　　キムチやコチュジャンなどいろいろあります。

金　へえ、私も行ってみたいです。

田中　それなら、今度の土曜日に一緒に新大久保に行って

　　　買い物をして、キムチチゲを作りましょうか。

金　それはいいですね。

단어 및 표현

辛からい 맵다 ┃ 食たべ物もの 음식 ┃ 韓国料理かんこくりょうり 한국 요리 ┃ 簡単かんたんだ 간단하다
材料ざいりょう 재료 ┃ 新大久保しんおおくぼ 신오쿠보(지명) ┃ キムチ 김치 ┃ コチュジャン 고추장
〜や 〜や 〜など ~(이)랑 ~(이)랑 ~등 ┃ いろいろ 여러 가지 ┃ それなら 그렇다면 ┃ キムチチゲ 김치찌개

1 가능 표현

1) 가능 동사 ~ㄹ/을 수 있다

동사 종류	기본형	가능 동사 만드는 법	
1그룹	買う 行く 泳ぐ 話す 待つ 死ぬ 遊ぶ 飲む 帰る	어미 u단을 e단으로 바꾸고 る를 연결한다 (u단 → e단 + る)	買える 行ける 泳げる 話せる 待てる 死ねる 遊べる 飲める 帰れる
2그룹	食べる 寝る 起きる 見る	어미 る를 빼고 られる를 연결한다 (る탈락 + られる)	食べられる 寝られる 起きられる 見られる
3그룹	する 来る		できる 来られる

◈ 日本語を話します。　→　日本語が話せます。

◈ 運転^{うんてん}をしません。　→　運転ができません。

◈ ギターを弾^ひきます。　→　ギターが弾けます。

◈ 箸^{はし}で食べます。　　→　箸で食べられます。

주의! 일반적으로 가능형 동사 앞의 조사는 'を' 대신 'が'를 사용합니다.

2) **동사 기본형 こ と が で き る** ~ㄹ/을 수 있다, ~는 것이 가능하다
　　동사 기본형 こ と が で き な い ~ㄹ/을 수 없다, ~는 것이 불가능하다

◈ 漢字で書くことができます。

◈ 朝早く起きることができません。

◈ Wi-Fiが繋^{つな}がっているので、インターネットをすることができます。

◈ まだ小^{ちい}さいので、この乗^のり物^{もの}には乗ることができません。

단어 및 표현

運転 うんてん 운전 ┃ 弾ひく 치다 ┃ Wi-Fi ワイファイ 와이파이 ┃ 繋つながる 연결되다
インターネット 인터넷 ┃ 小ちいさい 어리다 ┃ 乗のり物もの 탈 것

Ⅰ. 보기와 같이 연습해 보세요.

기본형	그룹	가능동사
보기 書く 쓰다	1	書ける 쓸 수 있다
待つ 기다리다		
作る 만들다		
飲む 마시다		
食べる 먹다		
する 하다		
死ぬ 죽다		
帰る 돌아가(오)다		
泳ぐ 헤엄치다		
起きる 일어나다		
呼ぶ 부르다		
入る 들어가(오)다		
入れる 넣다		
見る 보다		

歩<ruby>く<rt>ある</rt></ruby> 걷다

来<ruby>る<rt>く</rt></ruby> 오다

会<ruby>う<rt>あ</rt></ruby> 만나다

いる 있다

話<ruby>す<rt>はな</rt></ruby> 이야기하다

借<ruby>りる<rt>か</rt></ruby> 빌리다

読<ruby>む<rt>よ</rt></ruby> 읽다

出<ruby>す<rt>だ</rt></ruby> 내다

寝<ruby>る<rt>ね</rt></ruby> 자다

遊<ruby>ぶ<rt>あそ</rt></ruby> 놀다

買<ruby>う<rt>か</rt></ruby> 사다

Ⅱ. 보기와 같이 연습해 보세요.

> | 보기 | 漢字で名前を書きます。 → 漢字で名前が書けます。 |

① 韓国人は一人で韓服を着ます。

→ _____

② テコンドーで体力をつけます。

→ _____

③ 日本語だけではなく、英語や中国語も翻訳します。

→ _____

④ 休まないで100メートルも泳ぎます。

→ _____

Ⅲ. 보기와 같이 연습해 보세요.

> | 보기 | ここで泳げます。 → ここで泳ぐことができます。 |
> | | ここで泳ぐことができます。 → ここで泳げます。 |

① 日本語でメールが書けます。

→ _____

② このレストランではインド料理を食べることができます。

→ _____

단어 및 표현

韓服 ハンボク 한복 | テコンドー 태권도 | 体力たいりょくをつける 체력을 기르다 | 翻訳 ほんやく 번역

メートル 미터 | ～だけではなく ~뿐만 아니라 | レストラン 레스토랑 | インド 인도

③ 18歳<ruby>以下<rt>いか</rt></ruby>は<ruby>免許<rt>めんきょ</rt></ruby>が<ruby>取<rt>と</rt></ruby>れません。

➡ _____

④ ピザを<ruby>作<rt>つく</rt></ruby>ることができません。

➡ _____

Ⅳ. 아래 문장을 일본어로 쓰세요.

① 일본인 친구와 일본어로 이야기할 수 있습니다.

➡ _____

② 히라가나는 쓸 수 있지만 가타카나는 쓸 수 없습니다.

➡ _____

③ 가벼우니까 혼자서 들 수 있습니다.

➡ _____

④ 도서관에서 사전을 빌릴 수 있습니까?

➡ _____

단어 및 표현

<ruby>以下<rt>いか</rt></ruby> 이하 ㅣ <ruby>免許<rt>めんきょ</rt></ruby>を<ruby>取<rt>と</rt></ruby>る 면허를 따다 ㅣ ピザ 피자 ㅣ <ruby>軽<rt>かる</rt></ruby>い 가볍다 ㅣ <ruby>持<rt>も</rt></ruby>つ 들다
<ruby>辞書<rt>じしょ</rt></ruby> 사전 ㅣ <ruby>借<rt>か</rt></ruby>りる 빌리다

🔊 24

味 맛
あじ

苦い
にが

쓰다

酸っぱい
す

시다

しょっぱい

짜다

渋い
しぶ

떫다

香ばしい
こう

구수하다

油っこい
あぶら

느끼하다

味が薄い
あじ　うす

맛이 싱겁다

味が濃い
あじ　こ

맛이 진하다

生臭い
なまぐさ

비리다

こってりしている

기름지고 진하다

あっさりしている

담백하다

うまみがある

감칠맛이 나다

関東と関西
간토와 간사이

일본의 関東와 関西의 음식 문화는 무엇이 다를까?

일본에서는 東京로 대표되는 関東와 大阪로 대표되는 関西를 종종 비교하기도 한다. '関東はそば、関西はうどん(간토는 소바, 간사이는 우동)'이라는 말이 있듯이 이 두 지역은 음식 문화에도 차이가 있다.

▼ 関東のお雑煮

▲ 関西のお雑煮

예를 들어 일본 설날(元日)에 먹는 お雑煮(일본식 떡국)도 지역에 따라 떡의 모양과 조리법, 재료 등이 다양하다. 関東에서는 네모난 모양의 떡을 한 번 구워서 간장으로 간을 한 맑은 국물에 끓인다. 하지만 関西에서는 동그란 모양의 떡을 굽지 않고 白味噌(색이 옅은 된장)로 맛을 낸 국물에 그대로 넣어 끓인다. 이처럼 지역에 따라 선호하는 맛이 다르기 때문에 심지어 인스턴트 라면조차도 지역에 따라 스프 맛이 다른 경우가 있다.

09

北京に行こうと
思っています。

학습 목표   의지형을 이해한다.

자신의 의지를 표현할 수 있다.

학습 요점   ❶ 동사 의지형   ❷ 동사 의지형 と思う

❸ 동사 보통체 つもりだ   ❹ 동사 보통체 予定だ

버스 안에서

李	今度の連休、どこかに行く予定ですか。
田中	はい。友達と一緒に北京に行こうと思っています。
李	わあ、いいですね。
	北京には有名な観光地がたくさんありますね。
田中	そうですね。でも、観光より食べ物が楽しみです。
	北京ダックとギョーザと羊の肉のしゃぶしゃぶは
	必ず食べるつもりです。
李	あはは。それは楽しみですね。
田中	李さんもどこかに行きますか。
李	私は京都に行こうと思っています。
	あ、すみません。私、ここで降ります。田中さん、また明日。
田中	はい。また明日学校で。

단어 및 표현

北京 ペキン 베이징(지명) | 連休 れんきゅう 연휴 | どこか 어딘가 | 予定 よてい 예정 | わあ 와아 [감탄]
観光地 かんこうち 관광지 | でも 하지만 | 楽たのしみ 기대됨 | 北京ペキンダック 북경오리 | ギョーザ 만두
羊ひつじの肉にく 양고기 | しゃぶしゃぶ 샤브샤브 | 必かならず 반드시, 꼭 | ～つもり ~생각, 작정, 의도
あはは 아하하(웃음 소리) | 降おりる 내리다

1 동사 의지형

동사 종류	기본형	동사 의지형 만드는 법	
1그룹	買う 行く 泳ぐ 話す 待つ 死ぬ 遊ぶ 飲む 帰る	어미 u단을 o단으로 바꾸고 う를 연결한다 (u단 → o단 + う)	買おう 行こう 泳ごう 話そう 待とう 死のう 遊ぼう 飲もう 帰ろう
2그룹	食べる 寝る 起きる 見る	어미 る를 빼고 よう를 연결한다 (る탈락 + よう)	食べよう 寝よう 起きよう 見よう
3그룹	する 来る		しよう 来よう

2 동사 의지형 **と思う** ~(으)려고 생각하다

+ 明日は早く起きようと思います。

+ 毎日１時間は日本語の勉強をしようと思います。

+ 日本語能力試験を受けようと思っています。
  <ruby>日本語能力試験<rt>に ほん ご のうりょく し けん</rt></ruby>を<ruby>受<rt>う</rt></ruby>けようと思っています。

+ 卒業後、アメリカに留学しようと思っています。
  <ruby>卒業後<rt>そつぎょう ご</rt></ruby>、アメリカに<ruby>留学<rt>りゅうがく</rt></ruby>しようと思っています。

3 동사 보통체 **つもりだ** ~ㄹ/을 생각이다

+ 今日のお昼はカレーを食べるつもりです。

+ 明日、友達と新宿へ買い物に行くつもりです。
  明日、友達と<ruby>新宿<rt>しんじゅく</rt></ruby>へ買い物に行くつもりです。

+ 週末は誰にも会わないつもりです。

4 동사 보통체 **予定だ** ~ㄹ/을 예정이다

+ 明日はツアーバスで観光地を回る予定です。
  明日はツアーバスで観光地を<ruby>回<rt>まわ</rt></ruby>る予定です。

+ ここに高層ビルができる予定でした。
  ここに<ruby>高層<rt>こうそう</rt></ruby>ビルができる予定でした。

+ 今月は出張に行く予定はありません。
  <ruby>今月<rt>こんげつ</rt></ruby>は<ruby>出張<rt>しゅっちょう</rt></ruby>に行く予定はありません。

단어 및 표현

日本語能力試験 にほんごのうりょくしけん 일본어능력시험(JLPT) | 試験 しけん を受うける 시험을 보다
卒業 そつぎょう 졸업 | ～後 ご ~후 | 留学 りゅうがく 유학 | カレー 카레 | ツアー 투어 | 回 まわる 돌다
高層 こうそう ビル 고층 빌딩 | できる 생기다 | 今月 こんげつ 이번 달 | 出張 しゅっちょう 출장

연습하기

Ⅰ. 표를 완성해 보세요.

기본형	그룹	～(よ)う
보기 会う 만나다	1	会おう 만나자
行く 가다		
待つ 기다리다		
遊ぶ 놀다		
寝る 자다		
する 하다		
始める 시작하다		
乗る 타다		
来る 오다		
見る 보다		
帰る 돌아가(오)다		
着る 입다		
入る 들어가(오)다		
泳ぐ 헤엄치다		

飲^のむ 마시다

話^{はな}す 이야기하다

いる 있다

書^かく 쓰다

食^たべる 먹다

作^{つく}る 만들다

買^かう 사다

歩^{ある}く 걷다

教^{おし}える 가르치다

読^よむ 읽다

起^おきる 일어나다

Ⅱ. 보기와 같이 연습해 보세요.

| 보기 | 連休_{れんきゅう}はどこに行く
ハワイに行く | A : 連休はどこに行こうと思っていますか。
B : ハワイに行こうと思っています。 |

① 週末は誰に会う   A : _____

   彼氏_{かれし}に会う   B : _____

② 夏休みに何をする   A : _____

   富士山_{ふじさん}に登_{のぼ}る   B : _____

③ 韓国で何を買う   A : _____

   キムチを買う   B : _____

④ 何を食べる   A : _____

   しゃぶしゃぶを食べる   B : _____

Ⅲ. 보기와 같이 연습해 보세요.

| 보기 | 買い物をします。 → 買い物をするつもりです。 |

① 本を読みます。 → _____

② ケーキを作ります。 → _____

③ ホラー映画は見ません。 → _____

④ どこへも行きません。 → _____

단어 및 표현

ハワイ 하와이 | 彼氏 かれし 남자 친구 | 富士山 ふじさん 후지산 | 登 のぼる 오르다

94

Ⅳ. 보기와 같이 연습해 보세요.

보기 いつハワイに行きますか。 → いつハワイに行く予定ですか。

① いつ結婚しますか。 → _____

② どこに泊まりますか。 → _____

③ 何時にホテルに着きますか。 → _____

④ 野球の試合は何時から始まりますか。 → _____

단어 및 표현

泊とまる 숙박하다, 묵다 | 野球 やきゅう 야구 | 始はじまる 시작되다

十二支 <small>じゅうにし</small> 십이지

ねずみ(子)
쥐(자)

うし(丑)
소(축)

とら(寅)
호랑이(인)

うさぎ(卯)
토끼(묘)

たつ(辰)
용(진)

へび(巳)
뱀(사)

うま(午)
말(오)

ひつじ(未)
양(미)

さる(申)
원숭이(신)

とり(酉)
닭(유)

いぬ(戌)
개(술)

いのしし(亥)
멧돼지(해)

いのしし年
돼지띠

何年ですか。
무슨 띠예요?

いのしし年です。
돼지띠예요.

일본에서는 '돼지띠'가 아니라 '멧돼지띠'라고 한다. 왜 그럴까? 그 이유는 일본에는 돼지가 없었기 때문이다. 일본에서는 불교의 영향도 있어 육고기를 먹는 것은 부정하다고까지 여겨졌다. 이로 인해 육식 습관이 사라지게 되었다. 그래서 식용만을 위한 돼지 사육도 점점 쇠퇴했다.

12가지의 띠를 나타내는 십이지는 6세기경에 백제를 통해 일본에 전해진다. 십이지가 실용화되는 7세기말에는 이미 일본에 돼지가 없었기 때문에 돼지 대신에 멧돼지를 사용하게 된 것이다.

昨日、誰かに財布を取られました。

학습 목표 수동형을 이해한다.
수동 표현을 할 수 있다.

학습 요점 ❶ 동사 수동형   ❷ 직접 수동
❸ 간접 수동   ❹ 그 외의 수동

28

학교에서

李　田中さん、今日は元気がありませんね。

田中　はい。実は昨日、誰かに財布を取られました。

李　どこで取られましたか。

田中　満員電車の中だと思います。

李　警察には行きましたか。

田中　はい、行きました。

　　　でも、それだけではありません。

　　　夕べ雨に降られて、かばんの中の教科書やノートも全部

　　　濡れました。

　　　それから、帰りが遅かったので母にも叱られました。

　　　昨日は最悪の一日でした。

李　大変でしたね。

단어 및 표현

実じつは 실은 | 財布 さいふ 지갑 | 取とる 훔치다, 빼앗다 | 満員電車 まんいんでんしゃ 만원 전차
警察 けいさつ 경찰 | 全部 ぜんぶ 전부 | 濡ぬれる 젖다 | 帰かえり 귀가 | 遅おそい 늦다
叱しかる 혼내다, 꾸짖다 | 最悪 さいあく 최악

29

1 동사 수동형

동사 종류	기본형	동사 수동형 만드는 법	
1그룹	<ruby>買<rt>か</rt></ruby>う ★ <ruby>行<rt>い</rt></ruby>く <ruby>泳<rt>およ</rt></ruby>ぐ <ruby>話<rt>はな</rt></ruby>す <ruby>待<rt>ま</rt></ruby>つ <ruby>死<rt>し</rt></ruby>ぬ <ruby>遊<rt>あそ</rt></ruby>ぶ <ruby>飲<rt>の</rt></ruby>む <ruby>帰<rt>かえ</rt></ruby>る	어미 u단을 a단으로 바꾸고 れる를 연결한다 (u단 → a단 + れる) 주의! 어미가 う인 경우 <ruby>言<rt>い</rt></ruby>う → <ruby>言<rt>い</rt></ruby>われる <ruby>使<rt>つか</rt></ruby>う → <ruby>使<rt>つか</rt></ruby>われる	<ruby>買<rt>か</rt></ruby>われる <ruby>行<rt>い</rt></ruby>かれる <ruby>泳<rt>およ</rt></ruby>がれる <ruby>話<rt>はな</rt></ruby>される <ruby>待<rt>ま</rt></ruby>たれる <ruby>死<rt>し</rt></ruby>なれる <ruby>遊<rt>あそ</rt></ruby>ばれる <ruby>飲<rt>の</rt></ruby>まれる <ruby>帰<rt>かえ</rt></ruby>られる
2그룹	<ruby>食<rt>た</rt></ruby>べる <ruby>寝<rt>ね</rt></ruby>る <ruby>起<rt>お</rt></ruby>きる <ruby>見<rt>み</rt></ruby>る	어미 る를 빼고 られる를 연결한다 (る탈락 + られる)	<ruby>食<rt>た</rt></ruby>べられる <ruby>寝<rt>ね</rt></ruby>られる <ruby>起<rt>お</rt></ruby>きられる <ruby>見<rt>み</rt></ruby>られる
3그룹	する <ruby>来<rt>く</rt></ruby>る		される <ruby>来<rt>こ</rt></ruby>られる

단어 및 표현

<ruby>使<rt>つか</rt></ruby>う 사용하다

2 직접 수동

◆ 母は私を叱りました。

→ 私は母に叱られました。

◆ 先生は友達をほめました。

→ 友達は先生にほめられました。

◆ 金さんは私をパーティーに招待しました。

→ 私は金さんにパーティーに招待されました。

30

3 간접 수동

1) 소유자 · 소유물의 수동

◆ 泥棒は私の指輪を盗みました。

→ 私は泥棒に指輪を盗まれました。

◆ 犬は子供の手を噛みました。

→ 子供は犬に手を噛まれました。

◆ 母は姉の日記を読みました。

→ 姉は母に日記を読まれました。

2) 피해의 수동

◆ 夕べ雨に降られました。

◆ 電車の中で赤ちゃんに泣かれて困りました。

◆ 毎晩、隣の家の人にピアノを弾かれて眠れません。

단어 및 표현

泥棒 どろぼう 도둑 | 指輪 ゆびわ 반지 | 盗 ぬすむ 훔치다 | 手 て 손 | 噛 かむ 물다 | 日記 にっき 일기
赤 あかちゃん 아기 | 泣 なく 울다 | 困 こまる 곤란하다 | 毎晩 まいばん 매일 밤 | ピアノ 피아노
眠 ねむる 자다

4 그 외의 수동

- 試験はこの教室で行われます。
- オリンピックは4年に一度、開かれます。
- 日本酒は米から作られます。

※ 주체를 분명히 드러내지 않는 경우에 주로 사용합니다.

　단, 주체를 명시하고자 하는 경우에는 ～によって(~에 의해)를 사용하기도 합니다.

- 『ロミオとジュリエット』はシェイクスピアによって書かれました。
- アメリカ大陸はコロンブスによって発見されました。

단어 및 표현

行おこなう 행하다 | オリンピック 올림픽 | 一度 いちど 한 번 | 開ひらく 열다 | 日本酒 にほんしゅ 일본술
米 こめ 쌀 | 『ロミオとジュリエット』 『로미오와 줄리엣』 | シェイクスピア 셰익스피어
大陸 たいりく 대륙 | コロンブス 콜럼버스 | 発見 はっけん 발견

I. 보기와 같이 표를 완성하세요.

기본형	그룹	～(ら)れる
보기 行_いく 가다	1	行_いかれる
開_{ひら}く 열다		
飲_のむ 마시다		
いる 있다		
帰_{かえ}る 돌아가(오)다		
ほめる 칭찬하다		
叱_{しか}る 혼내다		
する 하다		
待_まつ 기다리다		
取_とる 빼앗다		
盗_{ぬす}む 훔치다		
行_{おこな}う 행하다		
来_くる 오다		
壊_{こわ}す 부수다		
入_{はい}る 들어가(오)다		
押_おす 밀다		
騒_{さわ}ぐ 떠들다		

Ⅱ. 보기와 같이 연습해 보세요.

> 보기　家族は妹を「えりちゃん」と呼びます。
> → 妹は家族に「えりちゃん」と呼ばれます。

① 父は姉をほめました。

→ _____

② 母は毎朝弟を起こします。

→ _____

③ 友達は私を天才と言います。

→ _____

④ 李さんは私に電話番号を聞きました。

→ _____

Ⅲ. 보기와 같이 연습해 보세요.

> 보기　隣の人は私の足を踏みました。
> → 私は隣の人に足を踏まれました。

① 妹は私の時計を壊しました。

→ _____

② 犬は田中さんの靴を持っていきました。

→ _____

③ 祖父はいつも私の名前を間違えます。

→ _____

④ 金さんは李さんの秘密を知りました。

→ _____

Ⅳ. 보기와 같이 연습해 보세요.

> 보기　父が早く死にました。
> → 父に早く死なれました。

① 試験前日に友達が来ました。

→ _____

② 急に社員が辞めました。

→ _____

③ 家の前で高校生たちが騒ぎました。

→ _____

④ 駐車場の入口に車を止めました。

→ _____

間違まちがえる 틀리다 ｜ 秘密 ひみつ 비밀 ｜ 知しる 알다 ｜ 前日 ぜんじつ 전날 ｜ 辞やめる 그만두다
高校生 こうこうせい 고등학생 ｜ 駐車場 ちゅうしゃじょう 주차장 ｜ 入口 いりぐち 입구

Ⅴ. 보기와 같이 연습해 보세요.

보기

入学試験を3月に 行います。

→ 入学試験は3月に行われます。

① この建物を100年前に建てました。

→ _____

② 日本のマンガをいろいろな国で読んでいます。

→ _____

③ プラスチックを石油から作ります。

→ _____

④ 椅子をこの木で作りました。

→ _____

단어 및 표현

入学 にゅうがく 입학 | ~前 まえ ~전 | 建たてる 짓다 | プラスチック 플라스틱 | 石油 せきゆ 석유
椅子 いす 의자

그림 사전

犯罪・迷惑行為 범죄·민폐 행위
(はんざい・めいわくこうい)

詐欺
(さぎ)
사기

すり
소매치기

万引き
(まんびき)
물건을 사는 척하며 훔치는 행위

ひったくり
날치기

置き引き
(おきびき)
놓여진 물건을 훔치는 행위

痴漢
(ちかん)
치한

歩きたばこ
(あるきたばこ)
걸으면서 담배를 피는 행위

歩きスマホ
(あるきスマホ)
걸으면서 핸드폰을 하는 행위

音もれ
(おともれ)
새어 나오는 소리

ポイ捨て
(ポイすて)
아무렇게나 버리는 행위

迷惑メール
(めいわくメール)
스팸 메일

ストーカー
스토커

交番
こうばん

지구대(파출소)

　일본 여행 중 길을 잃어버렸거나 도움이 필요할 때 트러블이 발생한다면 어떻게 하면 좋을까? 이와 같이 곤란한 일이 생겼을 때는 交番으로 가면 된다. 交番은 한국의 지구대와 같은 곳으로 경찰관들이 24시간 시민들의 안전을 지키고 있다. 경찰관들은 경찰차나 스쿠터, 자전거를 타고 순찰(パトロール)한다. 그래서 경찰차를 パトカー(パトロールカー의 약자), 친근감을 담아 경찰관을 お巡りさん이라고 부른다. 일본에서 곤란한 일이 생겼을 때는 주저하지 말고 交番을 찾아가면 된다.

　다만, 交番이 안 보이는 곳에서 갑작스러운 사고나 사건에 말려들어 도움이 필요한 경우에는 긴급전화 110번(경찰), 119번(구급차·소방차)으로 연락하는 것이 좋다.

11

誕生日に金さんを喜ばせたいです。

학습 목표 사역형을 이해한다.

사역 표현을 할 수 있다.

학습 요점 ❶ 동사 사역형

❷ ~을 동사 사역형 (さ)せる

❸ ~に~을 동사 사역형 (さ)せる

교실에서

田中　誕生日に金さんを喜ばせたいですが、どんなプレゼントが

　　　いいと思いますか。

木村　そうですね。サプライズでケーキをあげませんか。

田中　ケーキもいいですね。

李　　ああ、そういえば、金さんがディズニーランドに行きたい

　　　と言っていました。

木村　それなら、金さんをディズニーランドに招待しませんか。

田中　いいですね。

木村　チケットは僕の弟に買わせます。

　　　弟はディズニーランドでアルバイトをしていますから。

田中　お願いしてもいいですか。

木村　いいですよ。

李　　当日、ディズニーランドに招待して驚かせましょう。

田中　わあ。今からわくわくします。

단어 및 표현

喜よろこぶ 기뻐하다 | プレゼント 선물 | サプライズ 서프라이즈 | あげる 주다 | そういえば 그러고 보니
ディズニーランド 디즈니랜드 | お願ねがいする 부탁하다 | 当日 とうじつ 당일 | 驚おどろく 놀라다
わくわくする 설레다

1 동사 사역형

동사 종류	기본형	동사 사역형 만드는 법	
1그룹	*<ruby>買<rt>か</rt></ruby>う <ruby>行<rt>い</rt></ruby>く <ruby>泳<rt>およ</rt></ruby>ぐ <ruby>話<rt>はな</rt></ruby>す <ruby>待<rt>ま</rt></ruby>つ <ruby>死<rt>し</rt></ruby>ぬ <ruby>遊<rt>あそ</rt></ruby>ぶ <ruby>飲<rt>の</rt></ruby>む <ruby>帰<rt>かえ</rt></ruby>る	어미 u단을 a단으로 바꾸고 せる를 연결한다 (u단 → a단 + せる) 주의! 어미가 う인 경우 <ruby>言<rt>い</rt></ruby>う → <ruby>言<rt>い</rt></ruby>わせる <ruby>習<rt>なら</rt></ruby>う → <ruby>習<rt>なら</rt></ruby>わせる	<ruby>買<rt>か</rt></ruby>わせる <ruby>行<rt>い</rt></ruby>かせる <ruby>泳<rt>およ</rt></ruby>がせる <ruby>話<rt>はな</rt></ruby>させる <ruby>待<rt>ま</rt></ruby>たせる <ruby>死<rt>し</rt></ruby>なせる <ruby>遊<rt>あそ</rt></ruby>ばせる <ruby>飲<rt>の</rt></ruby>ませる <ruby>帰<rt>かえ</rt></ruby>らせる
2그룹	<ruby>食<rt>た</rt></ruby>べる <ruby>寝<rt>ね</rt></ruby>る <ruby>起<rt>お</rt></ruby>きる <ruby>見<rt>み</rt></ruby>る	어미 る를 빼고 させる를 연결한다 (る탈락 + させる)	<ruby>食<rt>た</rt></ruby>べさせる <ruby>寝<rt>ね</rt></ruby>させる <ruby>起<rt>お</rt></ruby>きさせる <ruby>見<rt>み</rt></ruby>させる
3그룹	する <ruby>来<rt>く</rt></ruby>る		させる <ruby>来<rt>こ</rt></ruby>させる

2 ～を 동사 사역형 (さ)せる ～을/를 ～게 하다

+ 社長は月に1回、社員を1時間早く会社に来させます。
+ 台風が来ていたので、先生は学生を早く家へ帰らせました。
+ 隣のおじいさんは毎日犬を公園で遊ばせます。
+ 金さんがみんなを笑わせました。

3 ～に ～を 동사 사역형 (さ)せる ～에게 ～을/를 ～게 하다

+ 先生は学生にグループで問題を考えさせます。
+ 母親は子供にごみを捨てさせたり、掃除をさせたりします。
+ 子供の時、父は私に本をたくさん読ませました。
+ 母が父に手作りのお弁当を持たせました。

단어 및 표현

社長 しゃちょう 사장 | 台風 たいふう 태풍 | 隣 となり 옆, 이웃집 | おじいさん 할아버지 | 笑 わらう 웃다
グループ 그룹 | 問題 もんだい 문제 | 母親 ははおや 모친 | ごみ 쓰레기 | 捨 すてる 버리다
手作 てづくり 수제, 손수 만듦

11 誕生日に金さんを喜ばせたいです。 113

연습하기

Ⅰ. 표를 완성해 보세요.

기본형	그룹	～(さ)せる
보기 行く 가다	1	行かせる 가게 하다
待つ 기다리다		
開ける 열다		
遊ぶ 놀다		
会う 만나다		
する 하다		
捨てる 버리다		
片付ける 치우다		
来る 오다		
見る 보다		
帰る 돌아가(오)다		
着る 입다		
入る 들어가(오)다		
泳ぐ 헤엄치다		
休む 쉬다		
話す 이야기하다		
習う 배우다		

Ⅱ. 보기와 같이 연습해 보세요.

> 보기　先生 / 学生 / 家に帰る　➡　先生は学生を家に帰らせます。

① 母親 / 子供 / 塾に行く　➡　_____
② 友達 / 私 / いつも待つ　➡　_____
③ 兄 / 弟 / 泣く　➡　_____
④ 部下 / 上司 / 時々困る　➡　_____

Ⅲ. 보기와 같이 연습해 보세요.

> 보기　先輩 / 後輩 / 窓 / 開ける　➡　先輩は後輩に窓を開けさせます。

① 父親 / 子供 / ピアノ / 習う　➡　_____
② 妻 / 夫 / 家事 / する　➡　_____
③ 先生 / 学生 / 教科書 / 読む　➡　_____
④ 姉 / 妹 / 車のかぎ / 持ってくる　➡　_____

Ⅳ. 보기와 같이 연습해 보세요.

> 보기　友達が笑います。　➡　友達を笑わせます。
> 　　　　夫が荷物を持ちました。　➡　夫に荷物を持たせました。

① 部下が働きます。　➡　_____
② 友達が怒りました。　➡　_____
③ 学生が発音の練習をします。　➡　_____
④ 子供が薬を飲みました。　➡　_____

단어 및 표현

塾 じゅく 학원 | 泣なく 울다 | 部下 ぶか 부하 | 上司 じょうし 상사 | 困こまる 곤란하다 | 後輩 こうはい 후배
父親 ちちおや 부친 | 妻 つま 아내 | 夫 おっと 남편 | 家事 かじ 집안일, 가사 | 姉 あね 언니, 누나 | 妹 いもうと 여동생
かぎ 열쇠 | 持もってくる 가져오다 | 怒おこる 화내다 | 発音 はつおん 발음 | 練習 れんしゅう 연습

34

<ruby>感情表現<rt>かんじょうひょうげん</rt></ruby> 감정 표현

うきうきする
신나다

どきどきする
두근거리다

いらいらする
초조하다, 짜증나다

びくびくする
벌벌 떨다

はらはらする
조마조마하다

くよくよする
끙끙거리다

うっとりする
황홀하다

すっきりする
개운하다

がっかりする
낙담하다

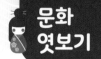
本音と建前
ほん ね　　たてまえ
속마음과 겉치레

　일본어에는 本音와 建前라는 단어가 있다. 本音는 속마음 혹은 본심, 建前는 겉치레 혹은 명분으로 번역된다. 本音는 좋은 것, 建前는 나쁜 것으로 인식할 수 있지만 반드시 그렇지만은 않다. 예를 들어 상대방에게 本音를 다 드러내어 이야기하면 그 상대방은 상처를 입을 수도 있다. 또한 친밀한 관계를 유지하기도 어려울 것이다. 그렇기 때문에 원만한 인간관계 유지를 위해 사용하는 것이 建前이다. 建前는 상대방에게 실례가 되는 표현을 자제한 배려이다.

12

<ruby>雨<rt>あめ</rt></ruby>が<ruby>降<rt>ふ</rt></ruby>りそうです。

학습 목표 양태 표현을 할 수 있다.

학습 요점 ❶ 양태 표현 (そうだ, ようだ)

🔊 35

학교에서

田中 空が暗いですね。雨が降りそうです。

李さん、傘を持ってきましたか。

李 はい、持ってきました。

田中 そういえば、金さんの就職先が決まったそうですね。

李 そうですね。とても嬉しそうでしたね。

彼は英語も上手で学校の成績もいいから、就職も早いですね。

田中 でも、彼も就職に失敗したことがあるそうですよ。

李 今は就職難だから、仕方がありませんね。

とにかく、就職先が決まってよかったです。

田中 そうですね。うらやましいです。

韓国の20代の就職率がまた下がったようですし。

李 私たちも頑張りましょう。

단어 및 표현

空 そら 하늘 | 暗い くらい 어둡다 | 就職 しゅうしょく 취직 | ～先 さき ~곳, ~처 | 決まる きまる 결정되다
嬉しい うれしい 기쁘다 | 成績 せいせき 성적 | 失敗 しっぱい 실패 | 就職難 しゅうしょくなん 취직난
仕方 しかたがない 어쩔 수 없다 | とにかく 아무튼 | うらやましい 부럽다 | ～率 りつ ~률
下さがる 내려가다 | ～し ~고 [접속조사]

문형 익히기

1 양태 표현

1) 형용사 어간
동사 ます형 } そうだ ~것 같다(시각적인 정보에 의한 추측, 예감)

◆ あのケーキがおいしそうです。

주의! この野菜は体によさそうです。　　　　　※ いい → よさそうだ

주의! あの服は高くなさそうです。　　　　　　※ ない → なさそうだ

◆ あの二人はとても幸せそうです。

◆ 田中さんは昨日も今日も暇そうでした。

주의! この図書館は静かではなさそうです。

◆ 今にもシャツのボタンが落ちそうです。

◆ これくらいは私にもできそうです。

◆ ここは静かでぐっすり眠れそうです。

◆ とてもおいしそうに食べています。

◆ 簡単そうな問題から始めましょう。

2) 명사 の, 형용사 수식형, 동사 수식형 ようだ ~것 같다(체험이나 경험에 의한 판단, 직감)

◆ せきが出るので、風邪のようです。

◆ あのケーキがおいしいようです。

◆ 外はあまり寒くないようです。

단어 및 표현

幸しあわせだ 행복하다 | 今いまにも 지금이라도 | シャツ 셔츠 | ボタン 단추 | 落おちる 떨어지다

ぐっすり 푹 | 始はじめる 시작하다 | せき 기침

- あの二人はとても幸せなようです。

- 田中さんはブランド品が好きなようでした。

- 彼女は猫が嫌いではないようです。

- このデザインは若者に人気があるようです。

- あそこに誰かがいるようです。

- 彼は仕事に行かないようです。

※ ようだは比喩 表現과 예시 表現에도 사용합니다.

あの子はまるで人形のようです。(비유)

金さんはモデルのようにかっこいいです。(비유)

父のように優しい人と結婚したいです。(예시)

金さんのような人になろうと思います。(예시)

	そうだ	ようだ	(=みたいだ)
명사	×	先生のようだ	(=先生みたいだ)
い형용사	おいしそうだ	おいしいようだ	(=おいしいみたいだ)
な형용사	好きそうだ	好きなようだ	(=好きみたいだ)
동사	降りそうだ	降るようだ	(=降るみたいだ)

단어 및 표현

ブランド品ひん 명품 | デザイン 디자인 | 若者 わかもの 젊은이 | まるで 마치 | 人形 にんぎょう 인형
モデル 모델 | 優やさしい 상냥하다

Ⅰ. 보기와 같이 연습해 보세요.

| 보기 | 雪が降る → とても寒いです。雪が降りそうです。 |

① そんなに難しくない

→ 子供用の絵本ですね。＿＿＿＿＿＿＿＿＿＿＿＿＿＿＿＿＿＿＿

② とても幸せだ

→ 朴さんは片思いの相手に告白されました。＿＿＿＿＿＿＿＿＿＿＿＿

③ 今にも泣く

→ 弟は母に叱られました。＿＿＿＿＿＿＿＿＿＿＿＿＿＿＿＿＿＿

④ 疲れて倒れる

→ 忙しくて少しも休めませんでした。＿＿＿＿＿＿＿＿＿＿＿＿＿

Ⅱ. 보기와 같이 문장을 완성하세요.

| 보기 | 誰もいない | A：部屋の電気が消えています。
B：誰もいないようです。 |

① 今日は休み　　A: 店の中に誰もいません。

　　　　　　　　B: ＿＿＿＿＿＿＿＿＿＿＿＿＿＿＿＿＿＿＿＿＿＿＿

② 忙しい　　　　A: 何回メールを送っても返事がありません。

　　　　　　　　B: ＿＿＿＿＿＿＿＿＿＿＿＿＿＿＿＿＿＿＿＿＿＿＿

③ 英語が上手だ　A: 金さんは貿易会社で働いています。

　　　　　　　　B: ＿＿＿＿＿＿＿＿＿＿＿＿＿＿＿＿＿＿＿＿＿＿＿

雪 ゆき 눈 | ～用 よう ~용 | 絵本 えほん 그림책 | 片思 かたおもい 짝사랑 | 相手 あいて 상대방
告白 こくはく 고백 | 倒 たおれる 쓰러지다 | 返事 へんじ 답장 | 貿易会社 ぼうえきがいしゃ 무역회사

④ 出_でかけている　　A: 電話_{でんわ}に出_でません。

　　　　　　　　　　 B: _____

Ⅲ. 보기와 같이 연습해 보세요.

> | 보기 |
> | --- |
> | 風邪を引きました |
> | ➡ 昨日から頭_{あたま}が痛いです。せきも出ます。風邪を引いたようです。 |

① 仕事が多いです
　➡ 部長_{ぶちょう}は昼ご飯も食べないで働いています。_____

② デートをします
　➡ 化粧_{けしょう}しています。_____

③ 交通事故_{こうつうじこ}がありました
　➡ 道_{みち}が込_こんでいるし、救急車_{きゅうきゅうしゃ}も来_きました。_____

④ まだ来ていません
　➡ ワンさんの席_{せき}にかばんがありません。_____

Ⅳ. 아래의 문장을 일본어로 쓰세요.

① 이것을 마시면 건강해질 것 같습니다. (そうだ)

➡ _____

② 어머니에게 혼나서 여동생은 울 것 같은 얼굴을 하고 있습니다. (そうだ)

➡ _____

③ 독일 맥주보다 일본 맥주 쪽을 좋아하는 것 같습니다. (ようだ)

➡ _____

단어 및 표현

電話でんわに出でる 전화를 받다 | 道みちが込こむ 길이 막히다 | 救急車 きゅうきゅうしゃ 구급차
部長 ぶちょう 부장 | 席 せき 자리 | 化粧 けしょう 화장 | ドイツ 독일

IT関連表現 IT 관련 표현

パソコンをつける・切る
컴퓨터를 켜다 · 끄다

キーボードを打つ
키보드를 치다

マウスをクリックする
마우스를 클릭하다

インターネットに
アクセスする
인터넷에 접속하다

プリントアウトする
인쇄하다

メモリーに保存する
메모리에 저장하다

ファイルを削除する
파일을 삭제하다

ブルートゥースで繋げる
블루투스로 연결하다

ダウンロードする /
アップロードする
다운로드하다 / 업로드하다

ウイルスチェックをする
바이러스를 체크하다

メールを送る
메일을 보내다

バッテリーがなくなる
배터리가 다 되다

外来語の略語表現
がいらいご　りゃくごひょうげん
외래어 준말 표현

　외래어는 정치, 경제, 사회 분야에서뿐만 아니라 일상 생활에서도 그 사용 빈도가 높다. 이 경우 원어의 음을 최대한 지켜 쓰는 경우도 있지만, 그곳의 언어 환경에 맞게 변형시키기도 한다. 특히 한국과 일본에서는 긴 음절의 외래어를 2~4음절로 줄여 쓰는 경우가 많다. 예를 들어 한국에서는 '애니메이션(Animation)'은 '애니', '어플리케이션(Application)'은 '어플'로 줄여 쓰고 일본에서는 각각 アニメ, アプリ로 줄여 쓴다. 같은 원어지만 이를 줄이는 방법이 다르기도 하다. '아르바이트(Arbeit)'의 경우 한국에서는 앞부분을 취하여 '알바', 일본에서는 뒷부분을 취하여 バイト로 쓰는 것이 그러하다. 또한 많은 표현들이 새롭게 생겨나는 만큼 더 이상 쓰이지 않고 사라지는 것 역시 많다. 그렇다면 일본의 언어 환경에 정착하여 널리 쓰이고 있는 외래어 준말 표현에는 어떤 것들이 있을까?

외래어 표현	준말 표현	한국어 및 영어 표현
インフラストラクチャー	インフラ	인프라 Infrastructure
プロフェッショナル	プロ	프로페셔널 Professional
アマチュア	アマ	아마추어 Amateur
セクシャルハラスメント	セクハラ	성희롱 Sexual Harassment
インターネット	ネット	인터넷 Internet
ネットゲーム	ネトゲ	인터넷 게임 Net Game
ゲームセンター	ゲーセン	게임센터 Game+Center
フリーマーケット	フリマ	플리마켓 Flea Market
オートマチック	オートマ	오토매틱(기어) Automatic
スノーボード	スノボ	스노보드 Snowboard

부록

1 동사 활용

〈활용 형태〉

동사 종류	기본형	보통체				ます형		
		현재		과거		현재		과거
		긍정	부정	긍정	부정	긍정	부정	긍정
1 그룹	買う	買う	買わない	買った	買わなかった	買います	買いません	買いました
	行く	行く	行かない	行った	行かなかった	行きます	行きません	行きました
	泳ぐ	泳ぐ	泳がない	泳いだ	泳がなかった	泳ぎます	泳ぎません	泳ぎました
	話す	話す	話さない	話した	話さなかった	話します	話しません	話しました
	待つ	待つ	待たない	待った	待たなかった	待ちます	待ちません	待ちました
	死ぬ	死ぬ	死なない	死んだ	死なかった	死にます	死にません	死にました
	遊ぶ	遊ぶ	遊ばない	遊んだ	遊ばなかった	遊びます	遊びません	遊びました
	飲む	飲む	飲まない	飲んだ	飲まなかった	飲みます	飲みません	飲みました
	帰る	帰る	帰らない	帰った	帰らなかった	帰ります	帰りません	帰りました
2 그룹	食べる	食べる	食べない	食べた	食べなかった	食べます	食べません	食べました
	寝る	寝る	寝ない	寝た	寝なかった	寝ます	寝ません	寝ました
	起きる	起きる	起きない	起きた	起きなかった	起きます	起きません	起きました
	見る	見る	見ない	見た	見なかった	見ます	見ません	見ました
3 그룹	する	する	しない	した	しなかった	します	しません	しました
	来る	来る	来ない	来た	来なかった	来ます	来ません	来ました

ます形		て形	가능 표현		의지형	수동형	사역형
과거			가능동사	~ことができる			
부정							
買いませんでした		買って	買える	買うことができる	買おう	買われる	買わせる
行きませんでした		行って	行ける	行くことができる	行こう	行かれる	行かせる
泳ぎませんでした		泳いで	泳げる	泳ぐことができる	泳ごう	泳がれる	泳がせる
話しませんでした		話して	話せる	話すことができる	話そう	話される	話させる
待ちませんでした		待って	待てる	待つことができる	待とう	待たれる	待たせる
死にませんでした		死んで	死ねる	死ぬことができる	死のう	死なれる	死なせる
遊びませんでした		遊んで	遊べる	遊ぶことができる	遊ぼう	遊ばれる	遊ばせる
飲みませんでした		飲んで	飲める	飲むことができる	飲もう	飲まれる	飲ませる
帰りませんでした		帰って	帰れる	帰ることができる	帰ろう	帰られる	帰らせる
食べませんでした		食べて	食べられる	食べることができる	食べよう	食べられる	食べさせる
寝ませんでした		寝て	寝られる	寝ることができる	寝よう	寝られる	寝させる
起きませんでした		起きて	起きられる	起きることができる	起きよう	起きられる	起きさせる
見ませんでした		見て	見られる	見ることができる	見よう	見られる	見させる
しませんでした		して	できる	することができる	しよう	される	させる
来ませんでした		来て	来られる	来ることができる	来よう	来られる	来させる

2 전문 및 양태 표현

● 명사 · い형용사 · な형용사

품사	단어	전문 표현	양태 표현		
		そうだ	そうだ	ようだ	みたいだ
명사	学生 がくせい	学生だそうだ がくせい		学生のようだ がくせい	学生みたいだ がくせい
	雨 あめ	雨だそうだ あめ		雨のようだ あめ	雨みたいだ あめ
	雑誌 ざっし	雑誌だそうだ ざっし		雑誌のようだ ざっし	雑誌みたいだ ざっし
	これ	これだそうだ		これのようだ	これみたいだ
	テスト	テストだそうだ		テストのようだ	テストみたいだ
い형용사	おいしい	おいしいそうだ	おいしそうだ	おいしいようだ	おいしいみたいだ
	大きい おお	大きいそうだ おお	大きそうだ おお	大きいようだ おお	大きいみたいだ おお
	楽しい たの	楽しいそうだ たの	楽しそうだ たの	楽しいようだ たの	楽しいみたいだ たの
	いい	いいそうだ	よさそうだ	いいようだ	いいみたいだ
	ない	ないそうだ	なさそうだ	ないようだ	ないみたいだ
な형용사	好きだ す	好きだそうだ す	好きそうだ す	好きなようだ す	好きみたいだ す
	きれいだ	きれいだそうだ	きれいそうだ	きれいなようだ	きれいみたいだ
	親切だ しんせつ	親切だそうだ しんせつ	親切そうだ しんせつ	親切なようだ しんせつ	親切みたいだ しんせつ
	静かだ しず	静かだそうだ しず	静かそうだ しず	静かなようだ しず	静かみたいだ しず
	上手だ じょうず	上手だそうだ じょうず	上手そうだ じょうず	上手なようだ じょうず	上手みたいだ じょうず

● 동사

동사 종류	기본형	전문 표현 そうだ	양태 표현		
			そうだ	ようだ	みたいだ
1 ユ 룹	か 買う	か 買うそうだ	か 買いそうだ	か 買うようだ	か 買うみたいだ
	い 行く	い 行くそうだ	い 行きそうだ	い 行くようだ	い 行くみたいだ
	およ 泳ぐ	およ 泳ぐそうだ	およ 泳ぎそうだ	およ 泳ぐようだ	およ 泳ぐみたいだ
	はな 話す	はな 話すそうだ	はな 話しそうだ	はな 話すようだ	はな 話すみたいだ
	ま 待つ	ま 待つそうだ	ま 待ちそうだ	ま 待つようだ	ま 待つみたいだ
	し 死ぬ	し 死ぬそうだ	し 死にそうだ	し 死ぬようだ	し 死ぬみたいだ
	あそ 遊ぶ	あそ 遊ぶそうだ	あそ 遊びそうだ	あそ 遊ぶようだ	あそ 遊ぶみたいだ
	の 飲む	の 飲むそうだ	の 飲みそうだ	の 飲むようだ	の 飲むみたいだ
	かえ 帰る	かえ 帰るそうだ	かえ 帰りそうだ	かえ 帰るようだ	かえ 帰るみたいだ
2 ユ 룹	た 食べる	た 食べるそうだ	た 食べそうだ	た 食べるようだ	た 食べるみたいだ
	ね 寝る	ね 寝るそうだ	ね 寝そうだ	ね 寝るようだ	ね 寝るみたいだ
	お 起きる	お 起きるそうだ	お 起きそうだ	お 起きるようだ	お 起きるみたいだ
	み 見る	み 見るそうだ	み 見そうだ	み 見るようだ	み 見るみたいだ
3 ユ 룹	する	するそうだ	しそうだ	するようだ	するみたいだ
	く 来る	く 来るそうだ	く 来そうだ	く 来るようだ	く 来るみたいだ

정답

01과

I.

기본형	그룹	~て
借りる 빌리다	2	借りて 빌리고, 빌려서
行く 가다	1	行って 가고, 가서
読む 읽다	1	読んで 읽고, 읽어서
忘れる 잊다	2	忘れて 잊고, 잊어서
帰る 돌아가(오)다	1	帰って 돌아가고, 돌아가서
寝る 자다	2	寝て 자고, 자서
洗う 씻다	1	洗って 씻고, 씻어서
する 하다	3	して 하고, 해서
持つ 들다, 가지다	1	持って 들고, 들어서
取る 잡다	1	取って 잡고, 잡아서
遊ぶ 놀다	1	遊んで 놀고, 놀아서
死ぬ 죽다	1	死んで 죽고, 죽어서
来る 오다	3	来て 오고, 와서
出す 내다	1	出して 내고, 내서
泳ぐ 헤엄치다	1	泳いで 헤엄치고, 헤엄쳐서
入る 들어가(오)다	1	入って 들어가고, 들어가서
ある 있다	1	あって 있고, 있어서
いる 있다	2	いて 있고, 있어서
飲む 마시다	1	飲んで 마시고, 마셔서
待つ 기다리다	1	待って 기다리고, 기다려서
話す 이야기하다	1	話して 이야기하고, 이야기해서
書く 쓰다	1	書いて 쓰고, 써서
知る 알다	1	知って 알고, 알아서
食べる 먹다	2	食べて 먹고, 먹어서

Ⅱ.

① コンビニに行って、おにぎりを買って、食
　べます。

② シャワーを浴びて、コーヒーを飲んで、会
　社へ行きます。

③ 家へ帰って、晩ご飯を食べて、テレビを見
　ます。

④ 先生に会って、相談して、帰ります。

Ⅲ.

① バスに乗って

② 運動して

③ 走って

④ 使って

Ⅳ.

① あって

② 話して

③ 読んで

④ 来て

02 과

Ⅰ.

① 本を読んでいます。

② 料理を作っています。

③ テレビを見ています。

④ 会社で仕事をしています。

Ⅱ.

① 電気がついています。

② 花が咲いています。

③ 帽子をかぶっています。

④ 彼女は赤いセーターを着ています。

Ⅲ.

① A: 釜山に住んでいますか。
　 B: 釜山に住んでいます。

② A: 結婚していますか。
　 B: 結婚しています。

③ A: ワンさんを知っていますか。
　 B: 知りません。

④ A: お兄さんと似ていますか。
　 B: 兄と似ていません。

Ⅳ.

① 週に一回は映画を見ています。

② 友達と話している人は誰ですか。

③ ドアは開いていますが、電気はついていま
　せん。

03 과

Ⅰ.

① 私はステーキとライスにします。

② 私はケーキとコーヒーにします。

③ 僕はコーラとポテトにします。

④ 僕はハンバーグとスープにします。

Ⅱ.

① ペンを借りてもいいですか。

② トイレに行ってもいいですか。

③ 窓を開けてもいいですか。

④ ここに座ってもいいですか。

Ⅲ.

① 病院ではケータイを使ってはいけません。

② 教室の中では食べ物を食べてはいけません。

③ 美術館では写真を撮ってはいけません。

④ この公園ではサッカーをしてはいけません。

Ⅳ.

① 太りますから、たくさん食べてはいけません。

② 風が強いですから、海で泳いではいけません。

③ 試食ですから、食べてもいいです。

④ 時間がありますから、ゆっくりしてもいい
  です。

04 과

Ⅰ.

기본형	그룹	～た
会う 만나다	1	会った 만났다
行く 가다	1	行った 갔다
飲む 마시다	1	飲んだ 마셨다
治る 낫다	1	治った 나았다
帰る 돌아가(오)다	1	帰った 돌아갔다
着く 도착하다	1	着いた 도착했다
食べる 먹다	2	食べた 먹었다
する 하다	3	した 했다
待つ 기다리다	1	待った 기다렸다
教える 가르치다	2	教えた 가르쳤다
呼ぶ 부르다	1	呼んだ 불렀다
登る 오르다	1	登った 올랐다
来る 오다	3	来た 왔다
話す 이야기하다	1	話した 이야기했다
脱ぐ 벗다	1	脱いだ 벗었다
入る 들어가(오)다	1	入った 들어갔다
勉強する 공부하다	3	勉強した 공부했다

降る 내리다	1	降った 내렸다
遊ぶ 놀다	1	遊んだ 놀았다
ある 있다	1	あった 있었다
書く 쓰다	1	書いた 썼다
寝る 자다	2	寝た 잤다
死ぬ 죽다	1	死んだ 죽었다
洗う 씻다	1	洗った 씻었다

Ⅱ.

① A: たこ焼きを食べたことがありますか。
　 B: 食べたことがあります。
② A: 新幹線に乗ったことがありますか。
　 B: 乗ったことがありません。
③ A: 海外旅行をしたことがありますか。
　 B: したことがあります。
④ A: 日本の小説を読んだことがありますか。
　 B: 読んだことがありません。

Ⅲ.

① プールで泳いだり、ジョギングをしたりします。
② 友達に会ったり、山に登ったりします。
③ 雨が降ったり、止んだりします。
④ 薬を飲んだり、トイレに行ったりしました。

Ⅳ.

① 家に帰ったら
② 週末、時間があったら
③ スーパーに行ったら
④ 雨が降ったら

05 과

Ⅰ.

기본형	그룹	～ない
会う 만나다	1	会わない 만나지 않다
飲む 마시다	1	飲まない 마시지 않다
帰る 돌아가(오)다	1	帰らない 돌아가지 않다
寝る 자다	2	寝ない 자지 않다
入る 들어가(오)다	1	入らない 들어가지 않다

する 하다	3	しない 하지 않다
待つ 기다리다	1	待たない 기다리지 않다
取る 잡다	1	取らない 잡지 않다
遊ぶ 놀다	1	遊ばない 놀지 않다
見る 보다	2	見ない 보지 않다
来る 오다	3	来ない 오지 않다
話す 이야기하다	1	話さない 이야기하지 않다
泳ぐ 헤엄치다	1	泳がない 헤엄치지 않다
いる 있다	2	いない 없다
書く 쓰다	1	書かない 쓰지 않다
知る 알다	1	知らない 모르다
食べる 먹다	2	食べない 먹지 않다
読む 읽다	1	読まない 읽지 않다
忘れる 잊다	2	忘れない 잊지 않다
出す 내다	1	出さない 내지 않다
持つ 들다, 가지다	1	持たない 들지 않다, 가지지 않다
走る 달리다	1	走らない 달리지 않다
起きる 일어나다	2	起きない 일어나지 않다

Ⅱ.

① 人と比べないでください。

② しばらく電気を消さないでください。

③ 展示品に触らないでください。

④ 危ないから、ここに来ないでください。

Ⅲ.

① また電話をかけてください。

② 食後に歯をみがいてください。

③ 今度ギターを教えてください。

④ ここから家まで運転してください。

Ⅳ.

① 砂糖を入れないでコーヒーを飲みます。

② 家で料理を作らないで買って食べています。

③ 一人で行かないで友達と行きます。

④ 金さんに会わないで帰ります。

Ⅴ.

① 韓国語で答えないで日本語で答えてください。

② 遠慮しないでもらってください。

06 과

I.

기본형	그룹	~ば
走る 달리다	1	走れば 달리면
いる 있다	2	いれば 있으면
話す 이야기하다	1	話せば 이야기하면
休む 쉬다	1	休めば 쉬면
見る 보다	2	見れば 보면
勉強する 공부하다	3	勉強すれば 공부하면
来る 오다	3	来れば 오면
咲く 피다	1	咲けば 피면
飲む 마시다	1	飲めば 마시면
歩く 걷다	1	歩けば 걸으면
行く 가다	1	行けば 가면
買う 사다	1	買えば 사면

기본형	~ば
難しい 어렵다	難しければ 어려우면
大きい 크다	大きければ 크면
重い 무겁다	重ければ 무거우면
痛い 아프다	痛ければ 아프면
甘い 달다	甘ければ 달면
有名だ 유명하다	有名ならば 유명하면
便利だ 편리하다	便利ならば 편리하면
複雑だ 복잡하다	複雑ならば 복잡하면
必要だ 필요하다	必要ならば 필요하면
静かだ 조용하다	静かならば 조용하면
休み 쉬는 날	休みならば 쉬는 날이면
今 지금	今ならば 지금이라면
雨 비	雨ならば 비라면
東京 도쿄	東京ならば 도쿄라면
本当 정말	本当ならば 정말이라면

Ⅱ.
① 運動をした方がいいです。
② 病院に行った方がいいです。
③ 食べない方がいいです。
④ たばこを吸わない方がいいです。

Ⅲ.
① あさっては休みですから、
　早く起きなくてもいいです。
② ここから近いですから、
　タクシーに乗らなくてもいいです。
③ 天気がいいですから、
　傘を持って行かなくてもいいです。
④ 時間がたくさんありますから、
　急がなくてもいいです。

Ⅳ.
① 用事がありますから、
　早く帰らなくてはいけません。
② 友達が遊びに来ますから、
　空港に迎えに行かなくてはいけません。
③ コンサートは来週の金曜日ですから、
　チケットを買わなくてはいけません。
④ 漢字が間違っていますから、
　直さなくてはいけません。

07 과

Ⅰ.

雨<ruby>雨<rt>あめ</rt></ruby>です	<ruby>雨<rt>あめ</rt></ruby>ではありません	<ruby>雨<rt>あめ</rt></ruby>でした	<ruby>雨<rt>あめ</rt></ruby>ではありませんでした
<ruby>雨<rt>あめ</rt></ruby>だ	<ruby>雨<rt>あめ</rt></ruby>ではない	<ruby>雨<rt>あめ</rt></ruby>だった	<ruby>雨<rt>あめ</rt></ruby>ではなかった
<ruby>高<rt>たか</rt></ruby>いです	<ruby>高<rt>たか</rt></ruby>くありません	<ruby>高<rt>たか</rt></ruby>かったです	<ruby>高<rt>たか</rt></ruby>くありませんでした
<ruby>高<rt>たか</rt></ruby>い	<ruby>高<rt>たか</rt></ruby>くない	<ruby>高<rt>たか</rt></ruby>かった	<ruby>高<rt>たか</rt></ruby>くなかった
いいです	よくありません	よかったです	よくありませんでした
いい	よくない	よかった	よくなかった
<ruby>元気<rt>げんき</rt></ruby>です	<ruby>元気<rt>げんき</rt></ruby>ではありません	<ruby>元気<rt>げんき</rt></ruby>でした	<ruby>元気<rt>げんき</rt></ruby>ではありませんでした
<ruby>元気<rt>げんき</rt></ruby>だ	<ruby>元気<rt>げんき</rt></ruby>ではない	<ruby>元気<rt>げんき</rt></ruby>だった	<ruby>元気<rt>げんき</rt></ruby>ではなかった
<ruby>静<rt>しず</rt></ruby>かです	<ruby>静<rt>しず</rt></ruby>かではありません	<ruby>静<rt>しず</rt></ruby>かでした	<ruby>静<rt>しず</rt></ruby>かではありませんでした
<ruby>静<rt>しず</rt></ruby>かだ	<ruby>静<rt>しず</rt></ruby>かではない	<ruby>静<rt>しず</rt></ruby>かだった	<ruby>静<rt>しず</rt></ruby>かではなかった
<ruby>買<rt>か</rt></ruby>います	<ruby>買<rt>か</rt></ruby>いません	<ruby>買<rt>か</rt></ruby>いました	<ruby>買<rt>か</rt></ruby>いませんでした
<ruby>買<rt>か</rt></ruby>う	<ruby>買<rt>か</rt></ruby>わない	<ruby>買<rt>か</rt></ruby>った	<ruby>買<rt>か</rt></ruby>わなかった

あります	ありません	ありました	ありませんでした
ある	ない	あった	なかった
起きます	起きません	起きました	起きませんでした
起きる	起きない	起きた	起きなかった
来ます	来ません	来ました	来ませんでした
来る	来ない	来た	来なかった

早い	早くない	早かった	早くなかった
早いです	早くありません	早かったです	早くありませんでした
親切だ	親切ではない	親切だった	親切ではなかった
親切です	親切ではありません	親切でした	親切ではありませんでした
遊ぶ	遊ばない	遊んだ	遊ばなかった
遊びます	遊びません	遊びました	遊びませんでした
悪い	悪くない	悪かった	悪くなかった
悪いです	悪くありません	悪かったです	悪くありませんでした
先生だ	先生ではない	先生だった	先生ではなかった
先生です	先生ではありません	先生でした	先生ではありませんでした
飲む	飲まない	飲んだ	飲まなかった
飲みます	飲みません	飲みました	飲みませんでした
痛い	痛くない	痛かった	痛くなかった
痛いです	痛くありません	痛かったです	痛くありませんでした
上手だ	上手ではない	上手だった	上手ではなかった
上手です	上手ではありません	上手でした	上手ではありませんでした
書く	書かない	書いた	書かなかった
書きます	書きません	書きました	書きませんでした

Ⅱ.

① 会議は来週の金曜日だと思います。

② セーターはあまり大きくないと思います。

③ 交通は便利ではなかったと思います。

④ 田中さんはもう帰ったと思います。

⑤ 説明会には来なかったと思います。

Ⅲ.

① 天気予報によると、明日は曇り時々雨だそうです。

② 先輩の話によると、漢字の試験は難しかったそうです。

③ 新聞によると、就職が大変だそうです。

④ 佐藤さんからのメールによると、来月、アメリカから鈴木先生が来るそうです。

⑤ ニュースによると、池袋駅の前で交通事故があったそうです。

Ⅳ.

① これを日本語で何と言いますか。

② 二人はもうすぐ結婚するそうです。

08 과

Ⅰ.

기본형	그룹	가능형
待つ 기다리다	1	待てる 기다릴 수 있다
作る 만들다	1	作れる 만들 수 있다
飲む 마시다	1	飲める 마실 수 있다
食べる 먹다	2	食べられる 먹을 수 있다
する 하다	3	できる 할 수 있다
死ぬ 죽다	1	死ねる 죽을 수 있다
帰る 돌아가(오)다	1	帰れる 돌아갈 수 있다
泳ぐ 헤엄치다	1	泳げる 헤엄칠 수 있다
起きる 일어나다	2	起きられる 일어날 수 있다
呼ぶ 부르다	1	呼べる 부를 수 있다
入る 들어가(오)다	1	入れる 들어갈 수 있다
入れる 넣다	2	入れられる 넣을 수 있다
見る 보다	2	見られる 볼 수 있다

歩く 걷다	1	歩ける 걸을 수 있다	
来る 오다	3	来られる 올 수 있다	
会う 만나다	1	会える 만날 수 있다	
いる 있다	2	いられる 있을 수 있다	
話す 이야기하다	1	話せる 이야기할 수 있다	
借りる 빌리다	2	借りられる 빌릴 수 있다	
読む 읽다	1	読める 읽을 수 있다	
出す 내다	1	出せる 낼 수 있다	
寝る 자다	2	寝られる 잘 수 있다	
遊ぶ 놀다	1	遊べる 놀 수 있다	
買う 사다	1	買える 살 수 있다	

Ⅱ.

① 韓国人は一人で韓服が着られます。

② テコンドーで体力がつけられます。

③ 日本語だけではなく、英語や中国語も翻訳
できます。

④ 休まないで100メートルも泳げます。

Ⅲ.

① 日本語でメールを書くことができます。

② このレストランではインド料理が食べられ
ます。

③ 18歳以下は免許を取ることができません。

④ ピザが作れません。

Ⅳ.

① 日本人の友達と日本語で話せます。

（＝日本人の友達と日本語で話すことができ
ます。）

② ひらがなは書けますが、カタカナは書けま
せん。

（＝ひらがなは書くことができますが、カタ
カナは書くことができません。）

③ 軽いですから一人で持てます。

（＝軽いですから一人で持つことができます。）

④ 図書館で辞書が借りられますか。

（＝図書館で辞書を借りることができますか。）

09 과

Ⅰ.

기본형	그룹	～(よ)う
行く 가다	1	行こう 가자
待つ 기다리다	1	待とう 기다리자
遊ぶ 놀다	1	遊ぼう 놀자
寝る 자다	2	寝よう 자자
する 하다	3	しよう 하자
始める 시작하다	2	始めよう 시작하자
乗る 타다	1	乗ろう 타자
来る 오다	3	来よう 오자
見る 보다	2	見よう 보자
帰る 돌아가(오)다	1	帰ろう 돌아가(오)자
着る 입다	2	着よう 입자
入る 들어가(오)다	1	入ろう 들어가(오)자
泳ぐ 헤엄치다	1	泳ごう 헤엄치자
飲む 마시다	1	飲もう 마시자
話す 이야기하다	1	話そう 이야기하자
いる 있다	2	いよう 있자
書く 쓰다	1	書こう 쓰자
食べる 먹다	2	食べよう 먹자
作る 만들다	1	作ろう 만들자
買う 사다	1	買おう 사자
歩く 걷다	1	歩こう 걷자
教える 가르치다	2	教えよう 가르치자
読む 읽다	1	読もう 읽자
起きる 일어나다	2	起きよう 일어나자

Ⅱ.

① A: 週末は誰に会おうと思っていますか。

   B: 彼氏に会おうと思っています。

② A: 夏休みに何をしようと思っていますか。

   B: 富士山に登ろうと思っています。

③ A: 韓国で何を買おうと思っていますか。

   B: キムチを買おうと思っています。

④ A: 何を食べようと思っていますか。

   B: しゃぶしゃぶを食べようと思っています。

Ⅲ.

① 本を読むつもりです。

② ケーキを作るつもりです。

③ ホラー映画は見ないつもりです。

④ どこへも行かないつもりです。

Ⅳ.

① いつ結婚する予定ですか。

② どこに泊まる予定ですか。

③ 何時にホテルに着く予定ですか。

④ 野球の試合は何時から始まる予定ですか。

10 과

Ⅰ.

기본형	그룹	～(ら)れる
開く 열다	1	開かれる
飲む 마시다	1	飲まれる
いる 있다	2	いられる
帰る 돌아가(오)다	1	帰られる
ほめる 칭찬하다	2	ほめられる
叱る 혼내다	1	叱られる
する 하다	3	される
待つ 기다리다	1	待たれる
取る 빼앗다	1	取られる
盗む 훔치다	1	盗まれる
行う 행하다	1	行われる
来る 오다	3	来られる
壊す 부수다	1	壊される
入る 들어가(오)다	1	入られる
押す 밀다	1	押される
騒ぐ 떠들다	1	騒がれる

Ⅱ.

① 姉は父にほめられました。

② 弟は毎朝母に起こされます。

③ 私は友達に天才と言われます。

④ 私は李さんに電話番号を聞かれました。

Ⅲ.

① 私は妹に時計を壊されました。

② 田中さんは犬に靴を持っていかれました。

③ 私はいつも祖父に名前を間違えられます。

④ 李さんは金さんに秘密を知られました。

Ⅳ.

① 試験前日に友達に来られました。

② 急に社員に辞められました。

③ 家の前で高校生たちに騒がれました。

④ 駐車場の入り口に車を止められました。

Ⅴ.

① この建物は100年前に建てられました。

② 日本のマンガはいろいろな国で読まれています。

③ プラスチックは石油から作られます。

④ 椅子はこの木で作られました。

11과

Ⅰ.

기본형	그룹	〜(さ)せる
待<small>ま</small>つ 기다리다	1	待<small>ま</small>たせる 기다리게 하다
開<small>あ</small>ける 열다	2	開<small>あ</small>けさせる 열게 하다
遊<small>あそ</small>ぶ 놀다	1	遊<small>あそ</small>ばせる 놀게 하다
会<small>あ</small>う 만나다	1	会<small>あ</small>わせる 만나게 하다
する 하다	3	させる 하게 하다, 시키다
捨<small>す</small>てる 버리다	2	捨<small>す</small>てさせる 버리게 하다
片付<small>かたづ</small>ける 치우다	2	片付<small>かたづ</small>けさせる 치우게 하다
来<small>く</small>る 오다	3	来<small>こ</small>させる 오게 하다
見<small>み</small>る 보다	2	見<small>み</small>させる 보게 하다
帰<small>かえ</small>る 돌아가(오)다	1	帰<small>かえ</small>らせる 돌아가(오)게 하다
着<small>き</small>る 입다	2	着<small>き</small>させる 입게 하다, 입히다
入<small>はい</small>る 들어가(오)다	1	入<small>はい</small>らせる 들어가(오)게 하다
泳<small>およ</small>ぐ 헤엄치다	1	泳<small>およ</small>がせる 헤엄치게 하다
休<small>やす</small>む 쉬다	1	休<small>やす</small>ませる 쉬게 하다
話<small>はな</small>す 이야기하다	1	話<small>はな</small>させる 이야기하게 하다
習<small>なら</small>う 배우다	1	習<small>なら</small>わせる 배우게 하다

Ⅱ.

① 母親は子供を塾に行かせます。

② 友達は私をいつも待たせます。

③ 兄は弟を泣かせます。

④ 部下は上司を時々困らせます。

Ⅲ.

① 父親は子供にピアノを習わせます。

② 妻は夫に家事をさせます。

③ 先生は学生に教科書を読ませます。

④ 姉は妹に車の鍵を持ってこさせます。

Ⅳ.

① 部下を働かせます。

② 友達を怒らせました。

③ 学生に発音の練習をさせます。

④ 子供に薬を飲ませました。

12 과

Ⅰ.

① そんなに難しくなさそうです。

② とても幸せそうです。

③ 今にも泣きそうです。

④ 疲れて倒れそうです。

Ⅱ.

① 今日は休みのようです。

② 忙しいようです。

③ 英語が上手なようです。

④ 出かけているようです。

Ⅲ.

① 仕事が多いようです。

② デートをするようです。

③ 交通事故があったようです。

④ まだ来ていないようです。

Ⅳ.

① これを飲んだら元気になりそうです。

 （＝これを飲めば元気になりそうです。）

② 母に叱られて妹は泣きそうな顔をしています。

③ ドイツのビールより日本のビールの方が
 好きなようです。

01과 [학교에서]

이보라 기무라 씨, 주말은 대체로 무엇을 합니까?

기무라 친구를 만나서 영화를 봅니다.

이보라 그렇습니까? 이번 주 주말도 친구를 만납니까?

기무라 아니요, 이번 주 주말은 친구를 만나지 않습니다. 도서관에 가서 책을 빌려서 리포트를 쓸 겁니다.

이보라 도서관에는 어떻게 갑니까?

기무라 버스를 타고 갑니다.
그런데 이(보라) 씨, 김(지호) 씨는 어제 왜 학교를 쉬었습니까?

이보라 김(지호) 씨는 감기에 걸려서 병원에 갔습니다. 그래서 학교를 쉬었습니다.

기무라 그랬습니까?

02과 [전화통화]

김지호 여보세요, 기무라 씨, 김(지호)입니다.

기무라 아, 김(지호) 씨, 안녕하세요.

김지호 지금 무엇을 하고 있습니까?

기무라 내일 등산 준비를 하고 있습니다.

김지호 아, 등산말입니까? 자주 산을 오릅니까?

기무라 한 달에 한 번은 오르고 있습니다.

김지호 그렇습니까? 대단하네요.

기무라 아니요, 그렇지 않습니다. 내일 김(지호) 씨도 함께 오르지 않겠습니까?
요즘은 꽃이 많이 피어 있어서 무척 예뻐요.

김지호 함께 올라 보고 싶네요. 왕복 어느 정도 걸립니까?

기무라 왕복 말입니까? 4, 5시간 정도 걸립니다.

김지호 와아, 그렇구나. 힘들겠네. 그건 무리겠네요.
기무라 씨, 또 다음에 말해 주세요. 그럼.

기무라 어, 여보세요, 김(지호) 씨 김(지호) 씨!?

03과 [식당에서]

기무라 무엇으로 하겠습니까?

김지호 저는 맥주로 하겠습니다.

기무라 저도 맥주요. 다나카 씨는요?

다나카 저는 주스로 하겠습니다.

김지호 다나카 씨는 술을 싫어합니까?

다나카 아니요, 아직 19살이어서 술은 마셔서는 안 됩니다.

김지호 일본은 몇 살부터 마셔도 됩니까?

다나카 20살부터입니다.

김지호 아, 그렇습니까?
한국에서는 만 19살부터 마셔도 됩니다만, 일본에서는 안 됩니까?

04과 [카페에서]

이보라 기무라 씨, 이제 곧 여름방학이네요.

기무라 네, 그렇네요. 이(보라) 씨는 여름방학이 되면 무엇을 할 겁니까?

이보라 한국에 돌아갈 겁니다. 집에 가면 어머니가 만든 요리를 먹고 싶습니다.
기무라 씨는요?

기무라 저는 교토에 갈 겁니다. 이(보라) 씨는 교토에 간 적이 있습니까?

이보라 아니요, 한 번도 간 적이 없습니다. 교토에 가면 무엇을 할 겁니까?

기무라 절에 가거나 기모노를 입고 거리를 걷거나 할 겁니다.

이보라 오, 기모노를 입고 거리를 걷습니까? 저도 해 보고 싶습니다.

기무라 정말로 즐거워요. 제가 안내할 테니 다음에 같이 갑시다.

05 과 [병원에서]

의 사　어떻게 오셨습니까?

김지호　어제부터 목이 아프고……. 열이 39도나 됩니다.

의 사　열이 심하네요. 그럼 진찰해 봅시다.

　　　입을 벌려 주세요. 목이 부어 있네요.

　　　감기군요. 요즘 유행하고 있어요.

　　　오늘은 목욕하지 마세요.

김지호　네. 샤워는 해도 됩니까?

의 사　샤워 정도는 괜찮아요.

　　　그리고 되도록 무리하지 말고 푹 쉬세요.

김지호　네, 알겠습니다.

06 과 [학교 복도에서]

다나카　이(보라) 씨, 안색이 안 좋네요.

이보라　어젯밤 늦게까지 리포트를 썼습니다. 그래서 지금 굉장히 졸립니다.

다나카　무리하지 않는 편이 좋아요. 리포트 제출은 언제까지입니까?

이보라　오늘 3시까지입니다.

다나카　지금 1시니까 서두르는 편이 좋겠네요.

　　　좀 도와드릴까요?

이보라　아니요, 괜찮습니다. 열심히 하면 금방 끝납니다.

다나카　그렇습니까? 그리고 오늘 3시 회의 기억하고 있습니까?

이보라　아, 맞다. 회의가 있었지요. 완전히 잊고 있었습니다.

다나카　바쁘면 회의에는 오지 않아도 됩니다.

이보라　괜찮습니다. 회의에는 나가지 않으면 안 되니까 가겠습니다.

07 과 [다나카 씨의 집에서]

다나카　이(보라) 씨, 어서 오세요. 들어오세요.

이보라　실례하겠습니다. 기무라 씨는 아직입니까?

다나카　기무라 씨는 30분 정도 늦는다고 합니다.

　　　이(보라) 씨는 혼자 왔습니까?

　　　김(지호) 씨와 함께 올 거라고 생각했습니다.

이보라　김(지호) 씨는 갑자기 볼일이 생겨서 저만 먼저 왔습니다.

　　　김(지호) 씨는 이제 곧 올 거라고 생각합니다.

다나카　그렇습니까? 이거 제가 만들어 봤는데 괜찮다면 드세요.

이보라　타르트네요. 잘 먹겠습니다.

　　　(한입 먹고 나서) 우와, 맛있다.

다나카　아, 입에 맞아서 다행이다. 그런데 오늘 일기예보를 들었습니까?

이보라　아니요, 안 들었습니다.

다나카　일기예보에 의하면 밤부터 큰비가 내린다고 해요.

이보라　그렇습니까? 그럼 오늘은 빨리 돌아가는 편이 좋겠네요.

08 과 [카페에서]

김지호　다나카 씨는 한국 요리를 먹은 적이 있습니까?

다나카　네, 먹은 적이 있습니다.

김지호　다나카 씨는 매운 음식을 먹을 수 있습니까?

다나카　네, 먹을 수 있습니다. 아주 좋아합니다. 간단한 한국 요리도 만들 수 있습니다.

김지호　대단하네요. 재료는 어디에서 삽니까?

다나카　신오쿠보에서 살 수 있어요.

　　　김치나 고추장 등 여러 가지 있습니다.

김지호　와아, 저도 가 보고 싶습니다.

다나카　그러면 이번 토요일에 함께 신오쿠보에 가서 장을 보고 김치찌개를 만들까요?

김지호　그거 좋네요.

09 과 [버스 안에서]

이보라　이번 연휴, 어딘가에 갈 예정입니까?

다나카　네, 친구와 함께 북경에 가려고 생각하고 있

습니다.

이보라 와, 좋겠네요. 북경에는 유명한 관광지가 많이 있지요?

다나카 그렇지요. 하지만 관광보다 음식이 기대됩니다. 북경오리와 만두와 양고기 샤브샤브는 꼭 먹을 생각입니다.

이보라 아하하, 그거 기대되는군요.

다나카 이(보라) 씨도 어딘가에 갈 겁니까?

이보라 저는 교토에 가려고 생각하고 있습니다.
아, 죄송합니다. 저 여기에서 내립니다. 또 내일 봐요.

다나카 네, 또 내일 학교에서.

10 과 학교에서

이보라 다나카 씨, 오늘은 기운이 없군요.

다나카 네. 실은 어제 누가 지갑을 훔쳐갔습니다.

이보라 어디에서 도둑맞았어요?

다나카 만원 전차 안이라고 생각합니다.

이보라 경찰서에는 갔습니까?

다나카 네, 갔습니다.
하지만 그것뿐만이 아닙니다.
어제 저녁에 비를 맞아서 가방 속의 교과서랑 노트도 전부 젖었습니다.
그리고 귀가가 늦어서 어머니에게도 혼났습니다.
어제는 최악의 하루였습니다.

이보라 힘들었겠네요.

11 과 교실에서

다나카 생일에 김(지호) 씨를 기쁘게 해 주고 싶은데, 어떤 선물이 좋다고 생각합니까?

기무라 글쎄요. 서프라이즈로 케이크를 주지 않겠습니까?

다나카 케이크도 좋네요.

이보라 아, 그러고 보니 김(지호) 씨가 디즈니랜드에 가고 싶다고 말했습니다.

기무라 그러면 김(지호) 씨를 디즈니랜드에 초대하지 않겠습니까?

다나카 좋네요.

기무라 티켓은 제 남동생에게 사게 하겠습니다.
남동생은 디즈니랜드에서 아르바이트를 하고 있으니까요.

다나카 부탁해도 되겠습니까?

기무라 괜찮아요.

이보라 당일, 디즈니랜드에 초대해서 놀라게 합시다.

다나카 와아. 지금부터 설렙니다.

12 과 학교에서

다나카 하늘이 어둡네요. 비가 내릴 것 같습니다.
이(보라) 씨 우산을 가지고 왔습니까?

이보라 네, 가져왔습니다.

다나카 그러고 보니 김(지호) 씨의 취직이 결정되었다고 하네요.

이보라 그래요. 굉장히 기쁜 것 같았어요.
그는 영어도 잘하고 학교 성적도 좋아서 취직도 빠르네요.

다나카 하지만 그도 취직에 실패한 적이 있다고 해요.

이보라 지금은 취업난이라서 어쩔 수 없지요.
아무튼 취직이 결정돼서 잘됐습니다.

다나카 그렇네요. 부럽습니다.
한국의 20대 취업률이 또 내려간 것 같고.

이보라 우리도 힘냅시다.

색인

집필 **소명선** 제주대학교 일어일문학과 교수

김대양 제주대학교 일어일문학과 강사

박진향 제주대학교 일어일문학과 강사

손영석 제주대학교 일어일문학과 교수

최희숙 제주대학교 일어일문학과 강사

이토 에미(伊藤江美) 제주대학교 일어일문학과 강사

마쓰자키 미에코(松崎美惠子) 제주대학교 일어일문학과 강사

기초를 **단단**히 다지는
단단 일본어 입문**2**

초판발행	2019년 3월 5일
1판 4쇄	2023년 10월 20일

저자	소명선, 김대양, 박진향, 손영석, 최희숙, 이토 에미(伊藤江美), 마쓰자키 미에코(松崎美惠子)
책임 편집	조은형, 김성은, 오은정, 무라야마 토시오
펴낸이	엄태상
디자인	이건화
콘텐츠 제작	김선웅, 장형진
마케팅	이승욱, 왕성석, 노원준, 조성민, 이선민
경영기획	조성근, 최성훈, 김다미, 최수진, 오희연
물류	정종진, 윤덕현, 신승진, 구윤주
펴낸곳	시사일본어사(시사북스)
주소	서울시 종로구 자하문로 300 시사빌딩
주문 및 교재 문의	1588-1582
팩스	0502-989-9592
홈페이지	www.sisabooks.com
이메일	book_japanese@sisadream.com
등록일자	1977년 12월 24일
등록번호	제 300-2014-92호

ISBN 978-89-402-9254-9 (14730)
　　　978-89-402-9252-5 (세트)